40代「進化するチーム」のリーダーは部下をどう成長させているか

新しい時代のリーダーになるために必要なこと58

中谷彰宏

あなたの部下に、
なりたい。
幸福より、
幸福感を与えるから。

中谷彰宏

あきひろ

この本は、
３人のために
書きました。

1 お手本のない時代に、リーダーになって困っている人。

2 今までのやり方が通用しなくなって、困っているリーダー。

3 これからリーダーになりたい人。

まえがき

01

1対多から、1対1の関係に。勤務時間の長さで評価できない時代に。

働き方改革とは、時間の捉え方の改革です。

労働時間でその人の働きを評価する時代が、やっと終わったのです。

新しい時代の居心地が悪いのは、顔を合わせる機会が少なくなって、つながりの希薄感が生まれたことです。

これはリーダー側にも、現場のスタッフや部下の側にもあります。

より不安を大きく感じているのは、今まで顔を合わせて部下を見張っていたリーダーの側です。

上司は、「テレワークで、部下は本当にきちんと仕事をしているのか」と心配します。

今まで部下が遅くまで会社に張りついていたのは、「いるところにいないと、上司から自分が仕事をしていないと思われるんじゃないか」という猜疑心《さいぎしん》があるからです。

両者の不信感がベースにあるのです。

今まではアルバイトから正社員になり、時給から給料になっても、「何時間で」という時給と同じ感覚で仕事をしていました。

付加価値を生み出す仕事に関しては、「何時間働いたから」というのは関係ありません。

アーティストの芸術作品で、「この作品に何時間かけたんです。だから評価してください」と言うのはおかしいです。

お医者さんが手術をする時に、「この手術は何時間かかるからいくらです」と言うのもヘンです。

むしろ時間がかかるのはマイナスです。

荷物を運ぶ時は、時間を短くすると値段が高くなります。

電車で言うと、特急料金がかかるのは速いからです。

「長くかかった分、料金を多くいただきます」というのは逆の考え方です。

時間に対しての捉え方が変わったのが働き方改革なのです。

今まで時間しか軸がなかったのは、会社にいる人たちがすべて同質な存在だったからです。

同質の人がいる場合においては、みんなが同質の働き方をしています。

同質の人たちを評価する時は、長い時間働くと「あの人は頑張っている」となります。

付加価値を生み出す異質の人たちが集まってチームになると、同じ時間で評価することはできなくなります。

「何時間残業したから」という評価がなくなってしまったことが、今、働く現場での居心地の悪さになっています。

リーダーと部下の関係が、1対多から1対1に変わったのです。

それによって、一人ひとりの部下に対して、評価する基準や育成する基準、接し方も変わります。

リーダーは一人ひとりの部下に対して、接し方を変える必要があります。

新しい時代は、1対多の部下との接し方では通用しません。

会社に来たい人もいれば、会社に来たくないという人もいます。

リーダーは、それぞれの部下に対して違う接し方をすればいいのです。


リスペクトされるリーダーになるために 01

部下の一人ひとりと違う基準で接しよう。

新しい時代のリーダーになるために必要なこと 58

第1章

TABLE OF CONTENTS
目次

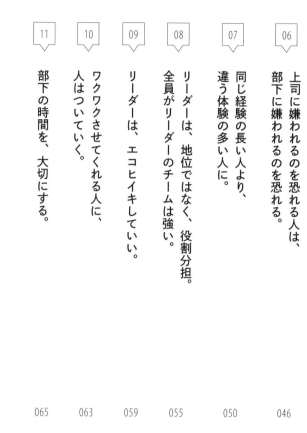

第2章

チームを「イキイキ」させているか。

第3章 チームから「リスペクト」されているか。

第4章 チームに「弱み」を見せているか。

第5章

企画・編集協力／遠藤励起

第1章

チームに「ワクワク」を与えているか。

02 変えていいのは、手段。変えてはいけないのは、目的。

何もできなくなったということはありません。
今までの手段がとれなくなったのが、今の時代です。
時代が変わる時に、リーダーが変えていいのは、「手段」です。
変えてはいけないのは、「目的」です。
これを逆にしないことです。

たとえば、「こういうことをわれわれはチームの中でしていこう」という会社の目的があります。
そこで、「密になってはいけないから、コミュニケーションをとるのもリモートでしましょう」と言うのは、手段を変えているだけです。

変革が起きた時は、「AがダメならB」「BがダメならC」という形で手段を変えます。

間違ったやり方は、1つの手段がとれなくなった時に目的を変えることです。

1つの手段にこだわり、「その手段でできる目的は何か」と、目的を変えていこうとすると、軸がブレブレになります。

軸は、手段ではなく目的にあります。

本来、リーダーは手段のプロフェッショナルであることが求められます。

プランAがダメならプランB、プランC……と、どんどん切り替えていけるのがプロフェッショナルです。

たとえば、映画の話をしたい時に、

「○○という映画を見た？」

「それ見てないんですよ」

「この話をしたいんだけど、見に行ってもらわないと困る」

と言ってしまうのは、映画のプロではありません。

「じゃ、どんな映画を見た？」

「〇〇という映画です」

「じゃあ、その映画の話をしよう」

と対応できるのが、映画のプロです。


「どこのホテルがおすすめですか？」と相談された時に、「〇〇のホテルがいいよ」とすぐ答えるのは、ホテルのプロではありません。

自分の好きなことを言っているだけだからです。

「どういう目的で行かれるんですか？」と聞くと、

「サービスの勉強に行きたい」

「リラックスしたい」

「発想を手に入れたい」

と、これだけで３つに分かれます。

それぞれの目的に合わせて、

「サービスの勉強をしたいなら、○○のホテルがいいですよ」

「リラックスしたいなら、△△のホテルがいいですよ」

「発想を身につけたいなら、××のホテルがいいですよ」

と、手段を変えていけるのが本当のプロフェッショナルです。


しくじるのは、自分の中で手段と目的の区別がつかなくなる人です。

いつの間にか、手段を目的と勘違いしてしまいます。


たとえば、英語の勉強は、英語研究者以外にとっては手段です。

いつの間にか英語の勉強を目的化してしまうと、40代、50代になって「やっぱり英語を勉強しないといけないと思うんですよ」と言ったりします。

そういう人に、「英語を勉強して何をしたいんですか?」と聞くと、「特に目的はないけど、勉強しておかないといけないと思う」と答えます。

これは手段が目的化している人です。

実際、いきなり海外に転勤して英語を使わざるをえなくなったり、部下に外国人がたくさん来た人は、カタカナ英語でもとにかく覚えます。

英語は、目的ではなく手段と割り切る方法で上達することができるのです。

リスペクトされるリーダーになるために 02

手段と目的を、区別しよう。

03 チームがメリットでのつながりから、リスペクトでのつながりに。

新しい時代に強いチームは、つながりの基準が、メリットではなくリスペクトです。

「うちの部下は、上司をリスペクトしていないんですよ」と、古いリーダーに勘違いが起こります。

この発言は、上司から部下に対するリスペクトがありません。

リスペクトでつながるのは双方向です。

部下が上司をリスペクトするのと同じように、上司が部下をリスペクトする関係が必要です。

これは上司と部下だけではありません。
たとえば、お客様とお店もリスペクトの関係が求められます。
お店が値段を安くしていくと、お客様は「あの店は安いから行く」となります。
そうすると、お店側はお客様をリスペクトできません。
「安いから来るお客様」と、侮った感じになります。
一方で、味にこだわり、赤字になっても手間をかけるお店もあります。
京都にあるお店は、イートインコーナーで試食ができます。
つくったお菓子の半分を試食してもらいながら、感想を聞きます。

喜んでもらったり、新しいアイデアを研究する材料にしています。
このお店は、儲けを完全に度外視しています。
ここでお客様は、お店に対してリスペクトを感じます。
お店側も「全国からうちのお菓子を食べに来ていただいている」と、お客様にリスペクトがあります。

安いほうがいいという時代は、お客様とお店は両者でリスペクトがなくなり、働くスタッフもリスペクトがなくなります。

便利さも同じです。

「あのお店は便利だよね」と言うのは、リスペクトがなくなります。

世の中は、ＩＴが出てきてから、どんどん便利になっています。

便利さの幸福感は、一瞬で終わります。

以前は、本を頼んで翌日届くことにビックリしていました。

ところが、当日に届くサービスが出た瞬間に、「エッ、明日？　今日届かないの？」

という不満になります。

便利さは、どこかで反転して、ありがたみをなくしていくのです。

チームを強くするコツは、リーダーが部下に対してリスペクトすることです。

リーダーが部下のことを「この難しい状況でよく頑張ってくれている」と思えるかどうかが、強いチームかどうかの分かれ目です。

サッカーの試合で負けても、監督はコメントを求められます。

たとえば、「あいつがあそこでミスしていなければ」と言うと、その監督は選手からの信頼がなくなります。

その後、選手は完全に萎縮して、チャレンジをせず、ミスしないように動こうとします。

たとえ選手がエラーをしても、「同点でいい戦いではなく、より強い相手に勝つためにあそこは攻めなければいけなかった。あの難しい中でよくチャレンジしてくれた」と、チャレンジ精神を評価すればいいのです。

会社でも、そういうリーダーは部下から信頼されます。

上司と部下のリスペクト関係では、部下が信頼してくれたら、上司も部下を信頼するという順番ではありません。

まず先に、上司から部下をリスペクトすることが大切なのです。

リスペクトするには、部下のいいところを見つけなければなりません。
優秀な部下のいいところは、優秀でないリーダーでも見つけることができます。
一見、いいところがない部下のいいところを見つけることができるのが、優秀なリーダーなのです。

一見、優秀でない部下をリスペクトできるのが、優秀なリーダーなのです。

リスペクトされるリーダーになるために 03

先に部下を、リスペクトしよう。

04 「同じ釜の飯」型から、ジャム・セッション型に。

新しい時代は、メンバーが流動的になります。
日本では20世紀後半に人材の流動化が起き、転職する人が増えました。
それ以前は、1つの会社に終身雇用という時代でした。
今は、50％以上の会社が副業を認めています。
副業を認める会社が過半数になったわけです。
そうすると、自分の部下に副業の人たちが大勢入ってきます。
それは、いつも顔ぶれが変わるということです。

今までは、「同じ釜の飯を食べた仲間」という関係性で成り立っていました。
リーダーは、「今日初めて」という人間が大勢来ても、そのチームをまとめなければなりません。

仕事の世界も一期一会《いちごいちえ》です。

この仕事のために知らない人たちが集まり、何人か知っている人もいれば、知らない人も過半数いるという中でチームをまとめて、終わったら解散します。

ＣＭをつくる集団も同じです。

そのつど違うスタッフが呼ばれます。

そこで最高のパフォーマンスを上げて、終わったら「また一緒にやりたいね」と言って解散します。


これはジャム・セッションの形です。

ジャズの歴史の中で、新しい人材やリーダーが育ったのは、それぞれ仕事を抱えているジャズマンが、仕事を終えた後に勝手に集まってバンド演奏をしていたジャム・セッションが由来です。

本来、ジャズに指揮者はいません。

ジャズに唯一いるのはリーダーです。

山下洋輔バンドは、山下洋輔さんがリーダーで、その時たまたま集まった人たちという関係性です。

その中でお互いが即興で何かをするという形が、ジャム・セッションです。

「同じ釜の飯」をベースにしていると、仲がよくて、右肩上がりの時代はいいのです。

変化の時代には、「同じ釜の飯」という関係性は弱いです。

同じ釜の飯を食べた部下なので、思い切ったことができなくなります。

そうすると、**部下に嫌われたくないと思うリーダーは無難な方法を選んで、チーム全体が弱くなるのです。**

私は、消防大学校で消防署長になる人に、授業を10年以上しています。

消防が自衛隊や警察と違うところは、トップが同じ釜の飯を食べた仲間なのです。

それに対して自衛隊と警察は、トップがほかのところから来ます。

リーダーシップは、知らないところへ落下傘のように一人降りてくるという形がチームを一番うまく動かすことができます。

同じ釜の飯を食べていると、「本来こうしたいんだけど、今までのつきあいがあるから変えられないんだよね」となります。

私が消防大学校で、これから消防署長になる人たちにいつも教えているのは、「同じ釜の飯」には、よさだけでなく、弱さもあることです。

「同じ釜の飯」は、汗を一緒に流すのは得意ですが、涙が苦手です。

「今までのつきあいがあるしね」「部下にかわいそうなことはできない」「悪いから」「嫌われたくないから」と、今までのやり方を変えることができないのです。

外部から来たリーダーは、そもそも最初から嫌われています。

映画でも「なんだよ、知らない若造がやってきて」と、文句を言われるようなリーダーが出てきます。

「同じ釜の飯」ではないということは、年齢もバラバラになります。

ベテランの上に若造が来ることもあります。

それでも、そのチームをまとめていくというのが世界のルールです。

変化しない時代は「同じ釜の飯」が強いです。

変化の時代に最も弱くなってしまうのは「同じ釜の飯」です。

たとえば、サッカーで「同じ釜の飯」では、スターティング・ラインアップのメンバーを変えられません。

「何でオレがスターティング・ラインアップじゃないの？」というクレームが出るからです。

そうすると、チームがどんどん弱くなってしまいます。

まず、リーダー自身が一期一会であるという覚悟を持てばいいのです。


リスペクトされるリーダーになるために 04

一期一会のチームが強い。

05

指示するより、選択肢を与える。

これからのリーダーは、部下に選択肢を与える必要があります。

今までのリーダーは、指示していれば大丈夫でした。

「Aをするべきですか。指示をください」と言われて、「Aをしよう」「Aはしなくていい」と答えたり、仕事を進めない部下に「Aをしろ」と指示するのではありません。

「AとB、2つの方法があるけど、どちらをしたい？」と部下に聞いて、部下がしたいほうをさせます。

部下がしたくないことをしても、パフォーマンスが上がらないからです。

イヤイヤしているのと、やりたくてしていることは、差がつきます。

能力よりもモチベーションの力で圧倒的に差がつきます。

同じことをしても、自分で選んだことと、やらされたことでは部下の幸福感が違うのです。

うまくいくかどうかではありません。

たとえうまくいかなくても、「これをできてよかった」という幸福感が大切です。

リーダーが部下に与えることは、地位でも給料でもなく、働く幸福感です。

自分で選んだものは幸福感が出ます。

やらされたことは、成功しても幸福感が湧いてきません。

メニューを自分で頼めるレストランは、ハズレでも「これは自分で選んだから」という幸福感があります。

たとえおいしくても、決められていたものでは幸福感がありません。

常に、リーダーは部下が選択したところを選びます。

ただし、リーダーは何もしなくていいわけではありません。

まず「AとB、2つの方法がある」と、選択肢を見せてあげます。

部下はBの方法があることに気づいていません。

もう1つは、AとB、それぞれの方法のメリット・デメリットを見せてあげます。

AとBという2つの道がある時、たいてい部下は両者の比較を間違えています。

Aのメリットと Bのデメリットを見ているのです。

この比較はできません。

それぞれ見えていないほうのメリット・デメリットをきちんと見せて、あとは好きなほうを選ばせます。


「どちらを選べばいいですか?」と聞かれても答えません。

そうしないと顔色を見始めます。

この時に「なんとなくこっちを勧めているな」と気づくのは、メリット・デメリットを出していないからです。

すすめている側のメリットを言い、すすめない側のデメリットを語っているのです。

それはアンフェアなことです。

部下からすると、「上司は、今どちらをやらせようとしている」というのは見えです。

今までは、上司の気持ちを読むとかわいがられて出世していく形でした。

それをしていると、**自分で選んだものではないというところで、「うまくいった時の幸福感」がありません。**

そのうえ、上司に対してのリスペクトもなくなります。

仕事は、うまくいかないことのほうが圧倒的に多いです。

強いチームは、うまくいかなかった時に、まだやる気が残っていて、「今度はこうしよう」「リベンジしたい」と思えます。

本をつくる時も、「売れたら次の本をつくりましょう」となると、お互いにモチベーションが下がります。

売れなかったら、「じゃあ、次はこれしよう」という関係性を今の仕事でつくっておく必要があります。

売れるかどうかは事前にわからないからです。

「絶対売れる」と思うものが売れないこともあれば、「これはどうかな」と思うものが売れたりします。

1回の仕事がうまくいくかどうかより、長い継続的な関係をつくれるかどうかが勝負です。

「また一緒にやりたいね」と終われる関係性をつくることが大切なのです。

リスペクトされるリーダーになるために 05

部下が選択したほうを、させよう。

06

上司に嫌われるのを恐れる人は、部下に嫌われるのを恐れる。

私がビジネススクールでリーダーシップの講義をしていて、一番多い質問は「どうしたら部下に嫌われませんか」です。

リーダーシップの講義なのに、マインドが部下のままなのは不思議です。

中間管理職も、部下にとってはリーダーです。

中間管理職は上に上司がいるので、「自分はリーダー」という意識がないのです。

仕事によっては、部下が「こうしたい」と決められることもあります。

責任の重い仕事は、部下ではなく上司が決めなければなりません。

「エッ、私が決めるの？」と驚くようでは、リーダーの意識がありません。

政治がダメになるのは、政治家ではなく選挙家が増えた時です。

選挙で選ばれることが目的になると、リーダーが弱くなります。

選挙民に嫌われることを恐れ始めた政治家は、嫌われない方法をとり、国民のために働きません。

選挙に通るために嫌われないようにするのです。

チームの中でも同じようなことが起きています。

「みんなから好かれているのがリーダーだ」という思い込みが事故を生むのです。

たとえば、ある造船所で事故がありました。

仕事から帰る時のチェック事項は、毎日するのがめんどくさくなります。

みんなから好かれているリーダーが、「オレ、サインしておくから。チェックしたことにしておいてやるよ」と、ＯＫにして事故が起こって死亡者が出たのです。

これはみんなから慕われているリーダーです。

そうすると、「あのリーダーは何も見ないでサインもしてくれるし、サボらせてくれるから」という形にどんどんなってしまいます。

これはリスペクトではなく、「都合がいい」という存在のリーダーです。

いつの間にか、リーダーと部下の関係が逆転したのです。

「好かれたい」と思った瞬間に、もはや部下を引っ張っていくのではなく、気を使うリーダーになります。

お店とお客様の関係も同じです。

お寿司屋さんが一人のお客様に「カレーも出してほしい」と言われた時に、お客様に好かれたいと思ってカレーを始めた瞬間に終わりなのです。

お寿司を食べに来た人は「カレーもあって、お寿司にはあまりこだわっていないお店なんだな」と思います。

お寿司を食べている横でカレーのにおいがしているからです。

これは、カレー屋さんでも起こります。

カレー屋さんが「おまえのところ、辛さが足りないよ」と言われて、辛いカレーに変えました。

すると、今までその味が好きで来ていたお客様が来なくなりました。

そして、「辛さが足りない」と言ったお客様も来ないのです。
結局、自分の好きな味のお店に行っているから、そのお店には来ないのです。
好かれようと思った瞬間に軸が受け身になってしまい、ブレブレになります。
ブレブレになっている人に、ついてくる人は一人もいません。
メニューが増え続けていく飲食店はつぶれていきます。
そのお店は完全に受け身になっています。
「うちは何種類もある」と言うお店は、お客様の意見でブレブレになっているのです。

リスペクトされるリーダーになるために 06

嫌われるのを、恐れない。

07
同じ経験の長い人より、違う体験の多い人に。

今までのリーダーの部下に対しての優位性は、経験の長さでした。

変化のない時代には、経験の長さが役に立ったのです。

今、別の業態から新規参入してきたところに一気にひっくり返されています。

これは発想が違うからです。

長い経験が、邪魔をしています。

自分がずっとしてきたことを変えるのは、自分が否定されているような気持ちになるのです。

違うことをした人たちは、新しい時代に新しい発想でできます。

経験がないということは、ヘンな先入観がなく、即対応できます。

これは私が本をつくっている時も起きる現象です。

私が「こういうことをしてみようよ」と言った時に、「本というのはそういうものじゃない」「自分は編集者を長年してきて、本はこういうふうにつくるものだ」と言うタイプの人もいます。

そうすると、新しい発想のものはできなくなります。

『面接の達人』は、ダイヤモンド社の土江英明さんが28歳、私が29歳の時に出会ってつくった本で、ベストセラーになりました。

私は『面接の達人』を、本ではなく参考書のつもりでつくりました。

レイアウトは参考書の形態です。

その時、土江さんは「面白い。じゃ、こうしよう」「ああしよう」と言って、軽々と本のイメージを飛び越えました。

当時、土江さんがいたのは編集部ではなかったのです。

オグリキャップのカレンダーやぬいぐるみをつくっていた事業部です。

そのため、本に対してのこだわりはありません。

昔から本をつくっている部署ではなかったことが成功の理由です。

新しい時代に必要なのは、経験ではなく体験です。

同じことを続けるのが「経験」です。

違うことをするのが「体験」です。

経験は、長さの勝負になります。

体験は、「そんなことをしたことがあるんだ」という種類・幅の勝負です。

就活の時に、「友達が何百人、何千人いる」と自慢する人がいます。

しょせん、それは全部大学生です。

それよりは、「友達が少ないんですよ」と言いながら、その人脈が「なんでそんな人と知り合ったの？」と、ヘンな人と知り合っている人のほうがはるかに面白いです。

リーダーになるためには、初めての体験をたくさんすることです。

キャリアを積んで、役職が上がると、「初めてのことでしくじると恥ずかしい」「しくじりをみんなに見られたくない」と言う人がいます。

私はサラリーマンの時、別の部署の人も含めて3人が集まって英語の先生に教わる研修がありました。

そこに上の役職の人は来なくなりました。

部下の前で恥をかきたくないからです。

「仕事とは違うジャンルで英語ができないのを見られたくないから」「みっともないところを見せられないから」と、参加しません。

英語でなかなか話せず、「アー」とか「ウー」と言うのは、ある意味、凄くみっともないことです。

それでも来ている上司がいると、部下は「ふだん威張っているけど、あんなに英語ができなくても来ているから、偉いよね」と評価します。

むしろ、そこでリスペクトが上がった人もいます。

経験の長さで勝負する古いリーダーは「何年生まれ?」と聞いて、「そうか、そのころは僕は仕事してたな」と差別化をして、年齢マウンティングをします。

新しいリーダーは、体験の幅で勝負するのです。

初めての体験をしているリーダーは、年齢に関係なく、相手をリスペクトすることができます。

すべての人を、リスペクトすることができます。

他者はすべて、自分がしたことがない体験をしているからです。

他者の体験をリスペクトできる人は、他者とリスペクトでつながることができるようになります。

リスペクトでつながった関係が、もっとも強いのです。

リスペクトされるリーダーになるために 07

初めての体験を増やそう。

08
リーダーは、地位ではなく、役割分担。全員がリーダーのチームは強い。

リーダーは役職ではありません。
私は会社の研修に行って、「リーダーの定義はなんですか」と聞きました。
「リーダーは、主任の上で、課長の下です」と言う人がいました。
それは、その会社だけにしか通用しない役職です。
役職名でしか理解できていないのです。
別の会社に行くと、違う言葉が出てきたりします。
「リーダー」とは、役職や地位ではなく役割であり、常に水平な存在です。
リーダーという役割が必要なのです。

言ってみれば、「幹事」です。

何人かで集まる時に、幹事は偉いわけではありません。

むしろ、会費が足りなくなったら自腹を切らなければならない損な役まわりです。


野球では、ピッチャーが偉いと思っているチームは弱いです。

ピッチャーは偉いと思っていると、野手は守る気がなくなります。

「エース」と「二番手」と言いますが、先発・中継ぎ・抑え・ワンポイントリリーフは、それぞれ役割が分かれています。

それなのに「先発が偉い」という感覚は、役割分担ではなく上下関係で考えています。

「なんで先発じゃないの？　中継ぎなんてもったいないよ」と言うのは、明らかに中継ぎを下に見た表現です。

いろいろなものを「役職」と「役割」という言葉で混同しないことです。

すべての役割は、していることが違うだけで平等です。

草野球の時に上下関係を持ってくる人がいます。

左中間にフライが上がった時は、レフトとセンター、どちらがとってもかまいません。

より安全にとれるほうが「自分、行きます」と、声をかけてとります。

その時に、「部長どうぞ」という声はおかしいです。

会社の草野球チームでは、上司にボールとらせてあげようとして「部長どうぞ」という声が聞こえるのです。

サッカーチームでは、部長だけマークしておけば勝てます。

ボールは全部、部長に集まることがわかるので勝てません。


大切なのは、一人ひとりがリーダーになれることです。


一番末端のヒラのスタッフでもアルバイト君でもパートさんでも、全員がリーダーになっているチームが強くなります。

実際、繁盛しているスーパーマーケットは、パートさんが仕切っています。

裏でお弁当をつくっているパートさんが全部仕切っていて、店長に指導しています。

「社長」はあくまで肩書です。

どんな役職であろうが、リーダーという役割が必要です。

私は、レストランの研修をしています。

新しいレストランで見るのは、インテリアでも料理でもありません。

そのお店にリーダー的役割の人がいるかどうかです。

「オシャレでおいしいんだけど、スタッフの中にリーダー的な役割の人はいないな」

「この店長はリーダーの役をしているけど、顔でなっちゃったかな」というところは、繁盛しません。


リーダー的役割の人がいるお店は、繁盛するのです。

リスペクトされるリーダーになるために 08

一人ひとりが、リーダーになろう。

09

リーダーは、エコヒイキしていい。

今までのリーダーは、同じやり方をする必要があったので、エコヒイキをしてはいけないと思っていました。

すべての者に平等となると、全員にガマンさせることになります。

誰かにボーナスを渡そうとすると、ボーナスをもらっていない側からクレームが出ます。

そのために、「ボーナスを渡すのはやめよう」という形になります。

いっとき、実績主義の時代がありました。

そこで売上げを上げた人間のボーナスを上げようとしたら、全体のパフォーマンスが悪くなりました。
実績を上げられなかった人間のモチベーションが、下がってしまうからです。
結果として、全体が下がるのです。

「エコヒイキ」とは、特別扱いすることです。
オマケをすることではありません。
たとえば、**リーダーが、一人の部下に対して厳しく接しています。**
これがエコヒイキです。
その部下は一番優秀だからです。
優秀な部下に厳しくして、それほどできない部下には優しくします。
間違った対応の仕方は、優秀な部下に甘くて、出来の悪い部下に厳しくします。
こうすると全体のパフォーマンスは一気に下がります。

スポーツのリーダーは、キャプテンに一番厳しく、それより下のサブメンバーに対しては優しいというやり方をします。

一人ひとりにいかに違うことをしていけるかです。

やる気のある部下は、厳しくしてもらうとモチベーションが上がります。

へこんで、やる気がなくなっている部下は、優しくしてあげると安心します。

私がビジネススクールで教えていても、「この人は、やる気があるな」という人には厳しくします。

「この人は仕方ない。会社の強制で参加させられているんだな」という人には優しくします。

「うちの社員のモチベーションを上げてください」と頼まれて企業の研修をする時、私は「会社の中で一番やる気のある人だけやりましょう」と提案します。

全員にすると強制になり、モチベーションが下がるからです。

まず「参加したい」という希望を聞きます。

そして、レポートを書かせて、選抜で通った人だけにします。

研修の中では、ピラミッドの上のほうの人が伸びていくのです。

そうすると、チーム全体が強くなります。

最も失敗するのは、「やる気のない、下の部分を上げてほしい」という考え方です。

上位AランクからCランクまである時、下位のCランクを底上げすると、意識の上がった社員がみんな辞めます。

目覚めた社員は、「うちの上司はダメだな」と気づいてしまうのです。

「もっと成長しなければ。うちの上司ではダメだろう」と、かわいそうなことになるので、Aランクの人から研修をするのです。

一番優秀な人間を研修すると、その次の人が引っ張られて上がります。

結局、研修も一人ひとり上がっていくという形になるのです。

リスペクトされるリーダーになるために 09

一人ひとりに違うことをしよう。

10 ワクワクさせてくれる人に、人はついていく。

リーダーの仕事は、教育することです。

これまでの教育は、知識・技術を身につけさせるものでした。

新しい時代の教育は、心に火をつけることです。

今までの価値軸のままの知識・技術では役に立たないこともあります。

最終的に最も強いのは、自分で「成長したい」と思うようになることです。

成長しなければならないから成長するのではありません。

「成長しないと人生楽しくない」「成長したほうが面白い」「自分の生きたいように生きられる」と気づいて、やりたい気持ちが勝手に湧いてきます。

人は、「あの人といると、やる気が湧いてくるんだよね」と、心に火をつけてくれる人についていきます。

アイデアは人から生まれます。

「その人といると、雑談しているだけで、アイデアが次々に湧いてくる」という人がいます。

そういう人と一緒にいると、「あれもしよう」「これもしよう」「この本も読んでみたい」「あそこも行ってみたい」という気持ちが湧いてきます。

これがワクワクさせてくれる人です。

「ワクワクさせてくれる」というのは、心に火をつけることなのです。

リスペクトされるリーダーになるために 10

教育するより、心に火をつけよう。

11 部下の時間を、大切にする。

これまでの時代の部下のモチベーションは、

①昇給

②出世

の2つでした。

このモチベーションが効かなくなったのが新しい時代です。

ある経営者から、相談されました。

「新卒の採用で社員が集まらないんですが、どうしたらいいですか」

「どういうことをしているんですか」

「初任給を上げたんです。すると、仕事が大変そうだと思われてよけい来なくなってしまったんです」

別の経営者は、社員のモチベーションが下がっていたので昇職させたら、辞めてしまったそうです。

責任が重くなって、ストレスを感じてしまったからです。

古い時代のリーダーは、こういう部下の気持ちがわかりません。

自分が給料と出世を基準に生きてきたので、「なんで給料増えるのがイヤなの?」「なぜ出世がイヤなの?　あいつら、やる気がない」と言ってしまいます。


昔と今とでは、やる気のもとが違います。

新しい時代のやる気は、「時間」です。

「自分の時間を有意義に過ごしたい」「働く時間の密度をより濃いものにしたい」という考えです。

残念なリーダーは、「最近の部下はやる気がない」と言います。

「やる気の基準」が変わっていることに気づいていないのです。

上司と同じやる気はなくても、「同じ時間を密度濃いものにしていきたい」という別の種類のやる気はあります。

むしろ古いリーダーより、はるかに密度濃い仕事をするためにバリバリ頑張りたいと思っています。

そこで、リーダーは部下の時間を省エネしてあげる必要があります。

ムダな時間を省くために、しなくていいことを言ってあげればいいのです。

古いリーダーはこれが苦手です。

優先順位をつけられないのです。

AとB、2つの仕事を言われた部下が「どちらを優先しますか」と聞くと、「どっちもだよ」と答えます。

だから疲れてしまうのです。

部下は「今、Aはいいから、Bをして。Aはしなくていい」と言われると、Bに集中して頑張ります。

「どっちも」と言われた瞬間に、両方やる気がなくなります。

どちらが大切かわからないリーダーは、価値軸がないのです。

もう1つ、「これ、どうすればいいんですか」と聞かれた時、古いリーダーは「オレの背中を見ろ」と教えます。

これは時間がかかるので、教えたほうが速いです。

私はサラリーマン時代に、上司から「自分が10年かかったことを、おまえは3年で行かせてやる」と言われた時、モチベーションが上がりました。

「○○を5年して、△△を10年しなければいけない」と言うと、部下はめげてしまいます。

やり方は一人ひとり違うからです。

「オレの背中を見て覚えろ」というのは、結局、保身です。

自分が成長していないから、抜かれてしまうのがイヤなのです。

それが部下の時間を奪うことに気づく必要があります。

そうしないと、そのチームの蓄積が効いていきません。

リーダーが10年かかったことを部下に10年させたら、永遠に進化しません。

10年かかることを3年にすると、チーム全体で次の進化が生まれるのです。


飲み会も、非効率な時間の使い方です。

リーダーが飲みながら話すより、飲まないで話したほうが圧倒的に時間の効率がいいです。

飲んでいる時の頭のまわり方と、飲んでいない時の頭のまわり方はまったく違うからです。

飲まないと話せないということは、部下の時間を奪っています。

これが遅いチームです。

「どうしてもリーダーが飲みたいなら、飲みながらでいいですから録音しておいてください」と言うのも1つの手段です。

飲みながら話すと時間の感覚が飛びます。
これはマイナス効果です。
時間の密度が薄くなっても本人は気づきません。
飲んでいる人は、同じ話の反復が多いからです。
飲んで教えることは、きわめて時間効率が悪いのです。

リスペクトされるリーダーになるために 11

部下の時間を、省エネしよう。

第2章

チームを「イキイキ」させているか。

12 部下に、人脈を紹介する。

上司にあって部下にないのは、「人脈」です。

これは経験数の多さで決まります。

そして、その人脈をどんどん部下に紹介していくのがリスペクトされる上司です。

ただし、紹介の仕方で圧倒的に分かれます。

部下を紹介する時に、「こいつ、何もできないけどよろしくお願いします」と言うと、部下のやる気がなくなります。

古いリーダーは、それが普通だと思っています。


人を紹介する時は、部下を褒めるチャンスです。

「彼は僕のスマホの先生です。スマホの使い方を彼に全部聞いています。詳しいんだよ。速いです、こいつ」と言って紹介します。

「この人は僕の○○の先生」と紹介すると、部下のモチベーションは一気に上がります。

上司は、すべてのことにおいて部下に勝らなくていいのです。

昔のものに関しては勝っていても、今のものに関しては部下に負けているのが当たり前です。

「そんなことも知らないのか」は、昔の話です。

部下から「あんただって今のこと何も知らないじゃん。そんなことも知らないのか」と言われているのと同じです。

古いリーダーは、自分の人脈をとられたらイヤなので紹介しません。

紹介した相手に自分はたいしたことないと思われたらイヤだと思う人は、「この人は僕の○○の先生」という紹介はできません。

これは器の小さい人です。

まわりの人も、紹介の仕方を見て、上司の器の大きさを判断します。

「この人は僕のスマホの先生」と部下を紹介するリーダーは、器が大きいと感じます。

部下が上司と同行するのがイヤなのは、部下に威張り散らして「オレは偉いんだぞ」とみんなに見せびらかす材料にされることです。

まわりの人たちは、部下に対して威張っている上司を一番感じ悪く、器が小さいと感じます。

銀座のクラブのママさんは、「**部下に対して丁寧語で話す上司は信頼感がある**」と言います。

部下に対して横柄な上司は、銀座のクラブでも「この人は出世しないな」と見切りをつけます。

その人が出世するか、どれだけ人望があるかを一瞬で見抜きます。

それが見抜けないと、いいお客様についてもらえないからです。

銀座のクラブのママさんは、相手を見抜くプロなのです。

部下を、人に紹介する時が、「部下を褒めるチャンス」です。

直接本人に褒めるより、紹介する時に褒めるほうが、よりモチベーションが上がります。

紹介の仕方で、上司が自分をどう見ていてくれたかが、わかります。

謙遜して、けなしてしまうと、部下はがっかりします。

褒めるためには、部下をよく見ておかないとなりません。

大きなことを褒めるのではなく、小さな事を褒めることです。


リスペクトされるリーダーになるために 12

部下を「私の○○の先生」と紹介しよう。

13 アンケートの「大変不満」を捨てる。アンケートの「大変満足」を共有する。

古いリーダーは、売上げを生み出すお客様・命です。

お客様を失うことを、一番恐れます。

そのためには、部下はどんなに犠牲にしてもいいと考えます。

お客様と部下の言い分が違った時に、お客様の意見を信じてしまいます。

「お客様の代わりはいないけれども、部下の代わりはいくらでもいる」と思っているのが古いリーダーです。

アンケートには「大変満足」「やや満足」「普通」「やや不満」「大変不満」という5段階評価があります。

古いリーダーが一番気にするのは「大変不満」です。

「なぜこうなった。ダメじゃないか」と言います。

新しい時代のリーダーは、「大変満足」しか見ません。「大変満足」と思っているお客様を、もっと「大変満足」にするにはどうしたらいいかをチームで一緒に研究します。

結果的には、これで売上げが上がります。


薄利多売の時代は終わりました。

薄利多売をすると、結果として働く人が減ります。

人口が増えていた時代は、人海戦術で薄利多売が成り立ちました。

少子化は働く人がいなくなる時代です。

お客様がいなくなる前に、まず働く人がいなくなると、その仕事は成り立ちません。

薄利多売をする限りにおいて、働く人がいなくなります。

お客様を喜ばせて、働く人に犠牲になってもらうのが薄利多売です。

安い海外旅行は、バスの運転手さんの給料にしわ寄せがいきます。

ツアーで乗る移動のバス代が安いのです。

安い給料で働く運転手さんは睡眠時間を削っています。

往復で仕事をしないと食べていけないからです。

そうなると事故が起こるのは当たり前です。


アンケートで「値段がもう少し安ければいい」と書かれると、会社はお客様の言うことを聞いてしまいます。

ところが、その人の言う値段は口実であって、そのものに価値を感じていません。

たとえば、5段階評価の4である「やや満足」に丸をする人がいます。

会社は、「4を5にしたほうがいいのではないか」と考えがちです。

実際は、4の人はもう来ません。

次の購入にリピートしないのです。
4、3、2、1の評価をした人は、次は別のものを購入するので、そこで頑張っても意味がありません。

それよりは次回の購入のチャンスがある「大変満足」の人に来続けてもらうことです。

そのものに興味がない人に、なんとかしようと工夫しなくていいのです。

その分のエネルギーを「大変満足」の人に集中させないと、よそに売上げを奪われてしまいます。

働く側としても、「大変不満」という評価に対してどうしたらいいか考えるのは、モチベーションが下がります。

「大変満足」と思っている人に、もっとどうしたらいいかと考えるのは働く側のモチベーションが凄く上がります。

これをどんどん増やしていくと、客単価が上がります。

売上げを上げる方法は、客単価を上げるか客数を増やすことです。

古いリーダーは、客単価を下げていいから客数を増やすというやり方をします。

これは人口増加の時代の発想です。
人口がそもそも減っているので、客数を増やすのは限界があります。
そして、レッドオーシャンに巻き込まれてしまうのです。

リスペクトされるリーダーになるために 13

「大変満足」にもっと満足してもらうようにしよう。

14 「うまくいっている話」をすると、やる気がわいてくる。

古いリーダーは、会議の冒頭に「何か問題はありませんか」と言います。

学校の職員会議もこれで始まります。

「情報共有しましょう。何かトラブっていることはありませんか」と言われると、モチベーションが下がるのです。

私は、航空会社が苦しい時に研修に行って「今日はまずうまくいっている話を共有しよう。最近、うまくいっていることはなんですか」と言いました。

みんなはビックリしていました。

そんなことは考えたことがなかったからです。

困っていることやうまくいっていないこと、お客様からクレームをいただいたことを聞かれるだろうと思って用意していたのです。

「うまくいっていることは」と言われて、一瞬シーンとしました。

すると、一人が恐る恐る手を挙げて、「こんな小さなことでもいいんですかね」と、お客様に褒められた話をしました。

私が「そういうことが大切だよ。うまくいってること、あるじゃない」と言うと、「それだったら、私もこの間、こういうことでお客様からお褒めをいただきました」「こういうことで部下のモチベーションが上がりました」

と、ポツポツ出始めました。

冒頭で、うまくいっていることをもっとうまくいかせるにはどうしたらいいか、考えるキッカケをつくります。

ここにチャンスがあります。

うまくいっていないことを修正するより、うまくいっていることを伸ばしていくのです。

リーダーの仕事は、失点を防ぐことではありません。

得点を増やすことです。

失点を防ぐことばかりに、焦点を当てると、チーム全体のモチベーションが下がります。

失点をしても、それ以上の得点をする。

得点をして、モチベーションが上がることで、失点は減っていくのです。


リスペクトされるリーダーになるために 14

「問題はありませんか？」から始めない。

15 自分の家族を大切にする人は、部下の家族を、大切にする。

働くモチベーションは、家族を大切にすることです。

会社が家族で、本当の家族はその犠牲になってもらうというのは、古いリーダーのやり方です。

広告会社の仕事は、翌日のプレゼンのためにホテルに泊まり込んでプレゼン作業をしなければならないことがあります。

その時、私の師匠の藤井達朗さんは、「僕が家族に対して説明するから」と、部下全員に家に電話をかけさせます。

「藤井です。奥さん、浮気じゃないですから安心してください。今晩、ご主人をお借りします。そのかわり、別の日に代休で家庭サービスさせますから」と、家族に対して気を使ってくれました。

藤井氏が偉かったのは、「仕事命」の人であると同時に、家庭サービスも頑張ったことです。

家庭を大切にしている上司には、部下も安心してついていけます。

「あの人、家庭を犠牲にしていることを心の支えにしているよね」と思う人は、実際は仕事をしているのではありません。

仕事をしている実感がないから、何かを犠牲にしているという犠牲感でしか仕事の生きがいを感じられないのです。

これは幸福感がなくて辛いです。

たとえば、「十二指腸潰瘍を患わないとオレは仕事をしていない」と感じる人が古いタイプの上司にいました。

新しい時代のリーダーは、部下の家族を大切にする人です。

そのためには、自分の家族を大切することから始めればいいのです。

自分の家族を大切にしていると、部下の家族を大切にする方法が、浮かびます。

自分の家族を大切にしているリーダーは、部下からリスペクトされます。

亭主関白のほうが、部下からリスペクトされるというのは、勘違いなのです。

「奥さんに頭が上がらない」と思われると、部下からリスペクトしてもらえないというのも、勘違いです。

むしろ、シンパシーを持ってもらえるのです。

リスペクトされるリーダーになるために 15

まず自分の家族を大切にしよう。

16

転職する部下を、引きとめない。

部下が「転職します」と言うと、「エッ、なんで？」「飼い犬に手を噛まれた」とビックリする人がいます。

そもそも部下は飼い犬ではありません。

「裏切られた」というのも違います。

単に上司が、部下はずっと働くものだと思い込んでいたのです。

必ず「なんで辞めるの？」と聞きます。

これは発想が逆です。

働き続けることに、理由が要るのです。

部下から「なんで働き続けなくちゃいけないんですか?」と聞かれると、「当たり前じゃないか」と答える上司がいます。

当たり前ではありません。

働き続けるモチベーションを提供することができなければ、部下は辞めます。

「1回来たお客様がなぜリピートしないんだ」という発想もおかしいです。

ほかにお店はたくさんあるし、次に来たいと思う理由がないから、お客様は来ないのです。

作家仲間の中には、「今回買って読んでくれた人は次の本も必ず読んでくれて、誰かにすすめてくれて倍になる」という感覚の人もいます。

読者は、次の本も読みたいと思えば読みますが、思わなければ次は読みません。

これが普通です。

部下から「転職します」と言われて、「急に言われても困る」と言うのもおかしいです。

その上司の都合のために部下が生きているわけではありません。

部下は部下の人生の中で生きています。

会社のために自分がいるのではなく、自分のために会社があるのです。

それなのに、「自分のための部下」「会社のための部下」という発想の上司がいると、部下は「辞めてよかった」と思います。


上司が「とりあえずなんとかするから」と引き延ばしたり、「次の年度まで待ってもらえないかな」と言うのは、会社の都合です。

「おまえ、この業界で生きていけないようにしてやる」と言う人ほど、そんな力はありません。

そう言った瞬間に、**まわりで聞いているほかの部下の信頼を失います。**

部下は「辞める時、こういうふうに言うんだ。この上司の下にいたらパッとしないな。自分も早く辞めなくちゃ」という気持ちになります。

これは全員に見られています。

上司自身はそれに気づいていません。

転職しようとする部下が、「イヤなことは何もありません。ほかにしてみたいことを見つけたんです」と言いました。

古い上司が「あいつは仕事ができないから辞めた」「あいつは嫌われていた」と言うのは、自分の憂さ晴らしです。

それを言いながら、部下から上司へのリスペクトがどんどんなくなっていることに気づいていないのです。

そこで上司が「応援させて。紹介状が要る時はいつでも書きます」と応援します。辞めても何か困ったことがあったらいつでも言ってください。戻りたい時はいつでも戻ってきてください」と送り出すと、今働いている部下が凄く安心します。

辞めた部下が時々遊びに来る。

一緒に仕事をする。

辞めた部下のことを「あの人は優秀です」と褒めていると、上司へのリスペクトが上がります。
部下が辞める時が、リーダーの器が試される時です。
チームの誰かが辞める時が、チーム全体のモチベーションが上がるチャンスなのです。

リスペクトされるリーダーになるために 16

転職する部下を、応援しよう。

17 部下が辞めるのは、上司に人間的魅力がないからだ。

会社を辞める部下にその理由を聞くと「仕事も会社も嫌いじゃない」と言われました。

その時、上司は人間関係だと思い込みます。

実際は人間関係もうまくいっています。

条件をよくしたり、給料を上げたり、仕事を変えるといくら言っても部下の決心は変わりません。

辞める理由はたった1つです。

その上司に魅力がないからです。

会社の人間関係は、恋愛と同じです。

恋人に「別れよう」と言われて、「なんで?」と聞くのは意味がありません。

別れる理由は、相手に魅力がないからです。

たとえ、仕事や会社、人間関係がつまらなくて、給料も安くて休みが少ないとしても、上司に魅力があると絶対辞めません。

かつての時代は、昇給と出世で部下を引っ張れました。

新しい時代は、会社がどんどん恋愛型になるので、上司に魅力がないと終わりです。

「この人についていきたい」と思わなくなります。

上司が「オレはこんなに仕事ができるのに」と言っても、能力は関係ありません。

「上司の能力は認めます。ただ魅力ないんだよね」と言われるだけです。

「能力がある人間にはついてくるはずだ」と考えるのは傲慢です。

価値観の押しつけです。

能力よりも、魅力のほうが大切です。

「新しい世代がドライになっている」というのは勘違いです。

むしろ、魅力についていくのが新しい世代です。

昇給と出世のほうがはるかにドライです。

コロナの時代で、それだけ人間がつながりに目覚めたのです。

人間は、損得ではなく魅力でつながっていきます。

「そんなことをして何になるの？」と聞くのは、大昔の発想です。

そのことが「好きだから」しているのです。

新しい時代は、「好き」という自分のエモーショナルなモチベーションが一番大切なのです。

リスペクトされるリーダーになるために 17

能力より、魅力のあるリーダーになろう。

18 アドリブ力のある人に、人はついていく。

正解が見当たらない時代には、アドリブ力が必要です。
失敗しても、その失敗を面白がってアドリブにしていけるのが新しいリーダーです。
これはジャズ的な生き方です。
ジャズ的な仕事の仕方は、どうなるかわかりません。
ジャズに楽譜はないのです。
正解の台本がないところで、一つひとつのことを面白がって楽しみます。
まじめで一生懸命なタイプの人は、即興ができません。

予定通りいかなかったことを逆に生かして、何かするということを常に考えていけばいいのです。

ＣＭの撮影予定日に、雨になることがあります。

締切が迫っていて、雨でも撮影しなければならない時は、雨生かしで企画を立て直し、演出を変えます。

本来、晴れている時に雨の撮影をしようと思うと、放水車を持ってきて雨を降らさなければなりません。

「せっかくだから雨生かしで何かしよう」と考えられるのが即興の演出です。

これからの新しいリーダーに求められるのは、即興演出力です。

今与えられた条件の中で何ができるかを考えます。

即興演出力のある人は、冷蔵庫の中にある食材でどんな料理でもつくれます。

料理のうまい人は、冷蔵庫をあけて「○○があるから、これで△△をつくろう」と、調理できます。

料理の苦手な人は、材料がそろっていないとつくれません。

「△△をつくろう」と考えてからスーパーに買いに行きます。

それでは、今おなかがすいていて、すぐに食べたい人は困ります。

「あり合わせの材料で何ができるか」「今いるこのメンバーで何ができるか」という発想が大切です。


子どものころしていた野球は、9人いなくてもいいのです。

子ども同士で、1チーム9人で18人いなければならないというルールの野球はなかなかできません。

そんな中から、小人数でできる三角ベースや透明人間というルールも生まれて楽しめました。

これが新しいリーダーに求められることです。

小さい子が来た時は、小さい子用の救済ルールを考えてあげます。

こういうローカル・ルールをどんどんつくっていけばいいのです。

「〇〇の条件が足りないから」「△△がないからできない」という発想のリーダーに、部下はついてこないのです。

あり合わせの形で、今ある制約の中でどう楽しんでいくかを考えます。

リスペクトされるリーダーになるために 18

即興を、面白がる勇気を持とう。

19 幸福感のある人に、人はついていく。

大切なのは、「幸福な人」ではなく「幸福感」です。

人は、いつもニコニコしてゴキゲンで、ピンチになった時に笑っている人についていきます。

そこにエビデンスは何もありません。

「あの人についていったらいいことがある」ではなく、「あの人は幸せそうだな」という感覚です。

部下が求めているのは幸福感です。

能力があっても、必ずしも幸福感を感じられるわけではありません。

能力は、幸福感を感じる手段にはなります。

目的は「幸福感」です。

貧乏な人が書いた、お金持ちになる本は誰も買いません。

モテない人が書いた、モテ方の本は誰も買いません。

読者の前に、編集者がのってくれません。

「私は文章なんか書けないいんですよ」「学校の国語は1だったんですけど」と言っても、その人がお金持ちや、モテモテの人なら、編集者は本を出します。

AさんとBさんという2人の上司がいる時、部下は明らかに幸福そうな人についていくのは当たり前です。

部下に幸福感を与えるためには、上司自身が幸福感を感じている必要があります。

上司が悲壮な思いをして犠牲になり、眉間にシワを寄せて体を壊して部下に幸福感を与えることは不可能です。

そういう上司には、部下がついていきません。

消防のリーダーは、ピンチの時、余裕をなくしてあたふたすると合理的な判断ができなくなるので、まず部下を落ちつかせることが大切です。

やる気を出させる必要はありません。

そもそも消防官には、やる気満々の人たちが入ってきます。

どちらかというと、やる気が強すぎて理性的な判断が間違ってしまいます。

そのため、昔から「まず現場に行ったら、現場の火でタバコに火をつけて一服するリーダーが求められる」というジョークがあります。

上司があたふたしているのに「落ちつけ」と言われても、誰も落ちつきません。

私もCMの撮影現場で演出をしている時、何かピンチが訪れると、みんな知らない顔をしながらこちらを見るのです。

その時に大切なのは「こうしよう」という策が浮かんでいなくても、ニコニコしていることです。

そうすると、みんなが安心するのです。

安心すると「これ、こうしたらどうですか」とアイデアが出てきます。

追い詰められると、「もうダメだ」と思ってアイデアが出ないのです。

たとえ、仕事がうまくいかなくても、プレゼンでボツになっても、売れると思った商品が売れなくても、「面白かったね。これをできただけで楽しい」と思えるかどうかです。

幸福感は、プロセスにしかありません。

結果に左右されないのです。


スポーツを見る時に、「勝つなら行くけど、負けるなら行かない」と言うのはサポーターではありません。

阪神タイガースのサポーターは面白いです。

ヤジりに行っているのです。

むしろ、負けたほうがヤジれるのでその分楽しめます。

これが本当の楽しみ方です。

にわかのスポーツファンは、勝っている時は楽しみますが、負けていると「このスポーツ、あまり興味ないんだよね」と言います。

そういう人は結果に左右されて、幸福感を感じられないのです。


リスペクトされるリーダーになるために 19

幸福感を感じよう。

20 多様化とは、面白さがわからないものを認めることだ。

古いリーダーも「多様化」と言いますが、この言葉の本質が伝わっていません。

「多様化」は、部下にめんどくさい人が来るということです。

「めんどくさい人」は、自分と価値観が違うということです。

今までなら、会議で「これ、どう思う?」と聞くと、自分と同じ意見を言ってくれたのです。

めんどくさい部下は、自分がいいと思うものを「これ、いまいちですよ」「ダサい」「古い」と言い、「こんなのやりましょうよ」とわけのわからない企画を出してきます。

「何が面白いんだ?」と聞いて、部下に「エッ、これ、わかりませんかね」と言われた時に、自分を否定された気持ちになります。

「わからない自分が感性の鈍いヤツだと思われたんじゃないか」と不愉快に感じます。

多様化とは、違う価値観に対して「わからないけど、なにか面白いんだろうなと思えることです。

わけのわからないものに対して理解するのではなく、寛大になることです。

「これはマニアにはたまらないんだろうな」という寛大さが求められます。

理解しようと思うと、よけいに理解できません。

自分の理解できているものだけでつくる世界は小さすぎます。

自分の理解している世界は、360度分の1度です。

359度は理解できません。

これまでの古い社会は、たまたま自分の理解できるものだけで集まっていました。

人口増加の途中にある時は、理解できない人は切り捨てることができました。

今はお客様が多様化しているのに、サービスを提供する側が多様化しなければ、そのチームは弱くなります。

流行るホストクラブは、ホスト全員のキャラが違います。

お客様が求めるものが違うからです。

ゲイバーも同じです。

全員がきれいなゲイバーは流行りません。

一人のコミカルキャラ、オチのお姉さんがいることで、ほかのお姉さんがきれいに見えます。

全員きれいでは、きれいなお姉さんがきれいに見えなくなります。

銀座のクラブも、キャラがみんな分かれています。

美人が売り、スタイルが売り、トークが売り、お笑いが売り、セクシーが売り、ボケが売りなど、担当が全部分かれることでそれぞれのキャラが立ちます。

一人のナンバーワンのホストと同じ髪型・キャラ・話し方・切り口にしていくと、ナンバーワンの魅力が小さくなります。

結局、それでつぶれていきます。
流行るところは、中にいるキャラがみんなまちまちです。
3番バッターを集めても強いチームにならないのと同じです。
1番には1番、9番には9番バッターの特技があります。
それぞれのキャラが分かれていることが大切です。
上司がイエスマンを集めていくと、そのチームは弱くなるのです。

リスペクトされるリーダーになるために 20

違う価値観に、寛大になろう。

21 「するか、しないか」は、「部下がイキイキするかどうか」で、決める。

ある仕事をするかしないかの判断基準は、「儲かるかどうか」ではありません。

その仕事をすると、「部下がイキイキするかどうか」で決めます。

「それをすると儲かる」「うまくいく」「社会的評価が上がる」といくら思っても、部下がイヤイヤしているとうまくいきません。

「これをしてもたいして儲からない」というめんどくさい仕事でも、部下がイキイキしているところは、結果として、そのチームに仕事がどんどん舞い込んできます。

大切なのは、イキイキした仕事をしていることです。


よく「少子化で社員が集まらない」と言う会社があります。

それは、社員がイキイキしていないからです。

採用を決めても、応募した人が「やっぱり考えさせてください」と辞退するのは、会った社員がイキイキしていないからです。

これは社長が間違っているのです。

私はリクルーティングに協力しています。

その中で、「このやる気のあるスタッフを採用にまわしましょう」と言います。

採用に苦戦する会社は、売上げを立てている人間は売上げを上げるほうにまわしています。

売上げを上げていない、元気のない社員が採用担当にまわっているのです。

そうすると、優秀な人がせっかく応募に来ても、元気のない窓際の社員が人事担当でいると、「この会社はないな」と考え直します。

その会社の社長は、今の売上げを大切にして、新しい人材を採ることをあまり真剣に考えていないのです。

それで「ヒマなヤツを人事にまわせ」と言うのです。

ヒマな人は、やる気をなくしています。
その人に採用された新人にもやる気が感じられません。
たとえイキイキした人が応募しても、結果的に辞退します。
大切なのは、売上げが上がるかどうかより、社員がイキイキするかどうかです。
これがチームの財産になるのです。

リスペクトされるリーダーになるために 21

部下がイキイキする仕事をつくろう。

22 今いるお客様を、大切にする。

リーダーが今いるお客様を大切にするか、今目の前にいないお客様を大切にするかで、はっきり分かれます。

今いるお客様を大切にするリーダーは、お客様を増やそうとはしません。

恵比寿は今、マッサージ店の激戦区です。

駅で配っていたマッサージ店のチラシに、院長先生の写真が載っていました。

その院長先生本人がチラシを配っていたのです。

ということは、今その店に行っても院長先生はいなくて、アルバイトさんがやっているのです。

割引券の裏側を見ると、「社員急募、経験不問。すぐできます」と書いてあります。経験不問ですぐできるようなマッサージ店は、おかしいのです。

お客様が少なかったとしても、今いるお客様に一生懸命やっているところは、今のお客様を大切にしています。

伸びるところは、どうしたらお客様を減らせるかと考えています。

お客様の数が減ると、一人のお客様にかけられるエネルギーが増えるのがうれしいのです。

そういうリーダーは、部下からの信頼が厚くなります。

喫茶店で働いているウエイトレスは、お客様にもっとサービスしたいと思っています。

そのためにお客様をもっと知ろうとして、つい長話になります。

それを「一人のお客様と長話するな。お客様はほかにもいっぱいいるんだ」と、怒る店長がいるのです。

喫茶店に来ている人は、ほぼ話しに来ています。

コーヒーはオマケであり、キッカケです。

お客様との長話を禁止すると、お客様がいなくなって売上げが下がると同時に、働くスタッフがいなくなります。

結果、「駅に近い」「コーヒーが安い」「便利だから」ということで、そのお店に対してなんのリスペクトもないお客様だけが集まるのです。


お客様の数を増やそうと考えないことです。

減ったら、「これでもっとサービスができる」と、喜べばいいのです。

フレンチレストランの前で、シェフがチラシを配っていました。

「お店の中で料理の仕込みをすればいいのに」と思いました。

入り口でシェフが腕を組んで「なんでお客が来ないんだ」と外を睨んでいたら、行こうと思っていた店でも「ここはやめよう」となるのです。

今いるお客様を大切にしていると、部下は、「今いる部下を大切にしている」と感じます。

お客様への姿勢は、部下への姿勢と同じです。

「お客様を増やそう」という姿勢は、「人員を削減しよう」という姿勢を、部下に感じさせてしまいます。

今のお客様を大切にすることで、部下は、自分ごとのように安心できるのです。

リスペクトされるリーダーになるために 22

顧客を増やそうとしない。

第3章

チームから「リスペクト」されているか。

23 顧客より、部下を大切にする。

お客様のクレームと部下の話が食い違う時に、顧客を信じるか、部下を信じるかです。

「顧客満足」という言葉を盾にとって部下を信じないのが、古いリーダーです。

部下は「そうか、話が食い違った時は、お客様を信じるんだ」と、ガッカリして会社を辞めてしまいます。

これは「お客様は神様です」の間違った解釈です。

部下を守ってその顧客を失ったとしても、信じた部下が新しい顧客を連れてくるから大丈夫なのです。

部下を犠牲にしてまで守る顧客はいません。

リーダーの一番の財産は、部下です。

部下は部下で、「何かあったら切られる」という心配を常に持っています。

チームワークは、もともと軍隊で生まれた発想です。

なんとなく「軍人さんは戦争したがっている人」という思い込みがあって、映画でもそんなふうに描かれます。

それは勘違いです。

軍人ほど戦争をしたくない人はいません。

リーダーにとって、部下を死なせるのは家族を殺されるのと同じです。

いかに戦争しないで済むかを考えているのが軍人なのです。


消防の現場でも、部下の命を守るのが大原則です。

要救助者を一人助けて部下を犠牲にしたら、結果として、部下が助けるはずだった未来の要救助者を殺すことになるからです。

リーダーは、部下には決して危険なことはさせません。

それがわかっているから、部下は安心してリーダーの指示に従えるのです。

単なるヒロイズムで「死ぬ気で行け」と言われると、部下は「この上司のところにいると、命がいくらあっても足りないな」と思います。

部下が、「死んでもいいから行きたい」と思っても、それをとめるのがリーダーなのです。

リスペクトされるリーダーになるために 23

部下を、守ろう。

24

「今日からできるアドバイス」をする。

私が本でアドバイスをする時に常に気をつけていることは、「今日からできる具体的な行動」にすることです。

精神論では、読者は何をしていいかわかりません。

心の持ちようではなく、具体的な行動のアドバイスをするのです。

もう1つは、今日からできること、「これならやってみよう」と思えることです。

料理研究家の土井善晴《よしはる》先生の料理のアドバイスの一番素敵なところは、「これならできそうだ」と思わせてくれることです。

私は料理が好きで、料理の本をいろいろ買っています。

「これはめんどくさいでしょう」という料理の本は、めげるのです。

「どこのご家庭にもある○○を入れて」と書いてありますが、それがプロの食材だったりします。

手順は簡単と言いながら、10工程もあるのです。

プロの料理人には簡単でも、シロウトが家でつくる時に10工程は多すぎます。

私が料理をつくるようになったのは、父親が料理をつくっていたからです。

父親は教え方がうまいのです。

テレビの料理番組を見ながら、「あんなの簡単や。こうして、こうして、こうしたらええねん。」気をつけるのは、これだけや」と言っています。

そう言ってもらえると、「やってみよう」と思えます。

私は、3工程以上書かれている料理本は買えません。

3工程にできることがプロフェッショナルです。

その料理の本質をつかんでいるということなのです。

部下のモチベーションが下がるのは、「具体策なしの精神論」です。

「とにかく、やれ」と言われるほど、やる気が無くなります。

精神論が悪いのではなく、具体策がないことが、モチベーションを下げるのです。

古い上司は、精神論が好きです。

具体策がない精神論を掲げる時、部下は「上司は、追い詰められているな」と感じてしまうのです。


リスペクトされるリーダーになるために 24

精神論ではなく、現実論で話そう。

25

練習が必要なアドバイスは、やる気が起きない。

ネットでホテルの感想を書いている人がよくいます。

「チャペルはもっとこうしたら」と言いますが、それは建設費がかかります。

建設費をかけずにできるアドバイスが、プロのアドバイスです。

外野からの思いつきのアドバイスは、たいてい時間とお金がかかります。

プロは、時間とお金がかかるアドバイスはしません。

ある時、マッサージのトレーナーさんに「週末にボウリング大会があるので、何かアドバイスをお願いします」と言われました。

私が「こうしてみたら」と言うと、「それ、今日の帰りにすぐやってみよう」と言われました。

これがアドバイスです。

練習を要するアドバイスは、やる気がくじけます。

私は手品が好きで、手品の本もたくさん買います。

練習がいるものは、やっぱりくじけます。

まずは練習しないでできることからスタートします。

だんだん面白くなってくると、それがキッカケで練習がいることもするようになるのです。


すぐれたリーダーは、「これなら簡単にできそうだ。やってみたい」と思えるようなアドバイスができるのです。

リスペクトされるリーダーになるために 25

「これならできそう」というアドバイスをしよう。

26 自分の健康を大切にするリーダーが、部下の健康も大事にできる。

古いリーダーは、体を壊すことで仕事にやりがいを感じます。

結果、パフォーマンスが悪くなります。

継続して働くためには、休みをとることが必要です。

休みをとるから、モチベーションが上がるのです。

休むことも、仕事です。

「いつまでたっても休みが来ない」と思っている人とは、モチベーションがまったく違うのです。


東日本大震災のガレキの撤去に、30年以上かかると言われていました。

これでは誰もモチベーションが上がりません。

その時にモチベーションが上がったのは、休みをつくったからです。**休みをつくると、「今日頑張れば、明日と明後日休みだ」とモチベーションが上がります。**

よそから応援に来ている人たちは、休みに実家へ帰れます。

休みは健康管理においても大切です。

リーダーは、まずは自分の健康と部下の健康の両方を大切にすることを求められるのです。

リスペクトされるリーダーになるために 26

自分と部下の健康を大事にしよう。

27 味方は、まず一人から始まる。

新しい部署に異動になると、みんなが敵になります。

知らない部署からポンと来るので、新しい部署のことは何も知らないし、習慣もわかりません。

「今度来た人って、どういう人なのよ」という立場で、つらい状況になるのです。

その時、いきなりみんなを味方にしようとすると失敗します。

部下として入るなら、まだいいのです。

リーダーとして入ると、部下はみんな敵に見えます。

私がアドバイザーとしてホテルのアドバイスに行く時も、敵意を感じます。

「なんでこんな人に頼むのか。自分たちは信用されていないのか」というのが抵抗になるのです。

大切なのは、まず味方を一人つくることです。

私は「なんでよその人の話を聞かなくてはいけないんだ」という気持ちもわかるので、ムリに聞かそうとはしません。

10人いたら一人、一生懸命聞いている人がいます。

まず、この一人を味方にするのです。

そうすると、構造がわかってきます。

「絶対イヤだ」という強い抵抗勢力と、味方になってくれる人が一人います。

残りの9割は、どちらでもいい人、流れで動く人たちです。

味方でない9割は、なんとなく「敵」と感じます。

敵ではありません。

味方でも敵でもないので、人畜無害です。

その人たちは、流れが変わったら味方になってくれます。

今の時代は、自分と価値観の違う若い部下がどんどん入ってきます。

浦島太郎現象で、自分が違う時代へ飛んだのと同じです。

これがリーダーのしんどいところです。

浦島太郎が、帰ってきて貧乏になったとか、帰ってきてお年寄りになったとかなら、まだいいのです。

つらいのは、帰ってきた時に300年たっていて、知った人間が誰もいない状況です。

これがアフターコロナの時代で起こります。

ここにリーダーの孤独感があるのです。

自分の気持ちの中で、「敵ではない人」というカウントを持っておけばいいのです。


リスペクトされるリーダーになるために 27

新しい部署では、まず一人の味方をつくろう。

28 みんなが見捨てても、自分は見捨てない。

リーダーが不安であるのと同じように、部下も不安です。

部下は、「切り捨てられるんじゃないか」という不安を常に持っています。

「リストラに遭うんじゃないか」

「嫌われるんじゃないか」

みんなが「あいつはダメだ」と言う部下がいたら、リーダーは「こういうヤツに限って大化けするかもしれないから」と言って、最初の味方になってあげます。

部下が出してきた企画にみんなが「わけがわからない」と言っても、「面白そうじゃん。どういう発想からこういう企画が出るんだろうね」と言って、面白がってあげるのです。

部下の一番の味方になるのがリーダーです。

現代アートと粗大ゴミの境目は何もありません。

それなのに、現代アートは100億円で売れて、粗大ゴミは引き取ってもらうのに400円かかります。

「これ、面白いよね」と言う人が一人出てきたら、その瞬間から現代アートになるのです。

大勢に評価される必要は、まったくありません。

リーダーが最初の評価者になればいいのです。


リスペクトされるリーダーになるために 28

たった一人の受け入れてくれる人になろう。

29 「ちょっといい?」より、要件を言う。

部下が一番嫌いな発言は、上司の「今日の夜、ちょっといいかな」です。

「要件はなんですか」

「いや、会った時に話すから」

「今日じゃないとダメですか」

「何か予定あるの?」と言うのです。

これは部下の時間を奪っています。

予定を変更して飲みにつきあったのに、「たいした話じゃないんだけどね」と言うのです。

「たいした話じゃないのに予定を変更させるな」と言いたくなります。
いつの間にか、上司は部下に予定がないのが当たり前になっているのです。

逆です。
部下に、予定はあるのが当たり前です。
小学生にも予定があるのです。
「部下は忙しい」と考えることが、部下の時間を大切にすることにつながります。
古い上司は、自分が一番忙しいと思い込んでいます。
それは感覚が間違っています。
部下のほうが、はるかに忙しいのです。

会議に遅れてくる人を待つのは、来た人の時間を奪っているという感覚を持てるかどうかです。
1時から開始なら、来るはずの人が来なくても、1時に即、始めればいいのです。

リスペクトされるリーダーになるために 29

会議は、遅れてくる人を待たない。

消防大学校の僕の授業は、1時から4時50分までです。

みんなは12時45分には教室に入っています。

授業の前に教官が迎えに来るのですが、私は教官が来る前に教室に行きます。

みんなが集まっていたら、即、始めます。

早く始めて早く終わらせたほうが、みんなの時間が生まれるからです。

それが「みんなの時間を大切にする」ということなのです。

30 食事に連れて行くなら、部下にはハードルが高いお店に。

部下を飲みに誘うなら、食事に誘ったほうがいいのです。

食事に行くなら、高いお店に行きます。

古い上司は、自分の顔がきく、「いつもの」で通じる安い店に連れて行きます。

自分がいかになじみになっているか自慢しようとするのです。

高いお店のなじみになれないのは、そこに投資していないからです。

部下に「相談があるんですけど、いいですか」と誘われたら、通常、部下の経験と予算では行けないような格式の高いお店に連れて行って紹介してあげます。

そのぐらいのことをするのが、本来のリーダーです。

部下が自分でも行けるような店に連れて行っておごったぐらいで大きな顔をされ

るほうが、部下にとってはイヤなのです。

部下に、相談事を持ちかけられたら、信頼関係をつくるチャンスです。

相談事は、お誕生日祝いと同じと考えればいいのです。

お誕生日祝いなので、安い店でお茶を濁すより、高級店でごちそうすることです。

取引先を接待するより、部下を接待するほうが、チームのモチベーションが上がります。


リスペクトされるリーダーになるために 30

部下には、時間よりお金をかけよう。

31 経済の話より、文化の話ができる人が、リスペクトされる。

日本経済新聞は、最後のページに文化欄があります。

これからの時代、**文化の話ができないと部下はリスペクトしてくれません。**

ひと昔前の古いリーダーは、経済や政治の話ができればリスペクトされるという思い込みがありました。

世の中は政治・経済の時代は終わって、文化の時代に入っています。

文化の会話がどれだけできるかです。

「○○の展覧会に行きました?」という話題が出た時に、その会話がまったくできないと、まずは世界のリーダーとやりとりができません。

同時に、部下とのやりとりもできません。

今は、国語・算数・理科・社会・英語ではなく、音楽・図工・体育・技術家庭の科目を優先してきた人間の時代にどんどん入ってきて、付加価値を生み出していきます。

これが成熟社会です。

20世紀までは、国語・算数・理科・社会・英語でなんとか食べていけました。世の中が「便利」「拡大」「効率」を目指す時代だったからです。

ここで「生産性」というものも生まれました。

今の時代は、生産性を生み出すチームよりも、付加価値を生み出すチームのほうが圧倒的に強いのです。

政治・経済の話は、生産性の話です。

文化の話は、付加価値を生み出していく話です。

部下が文化の話を持ち出した時に、それについていけないと、「この人は文化に興味がないんだな」と思われて、そのリーダーから離れていってしまうのです。

人間的魅力は、お金儲けの話ができる人より、美しいものの話ができる人に感じるのです。

リスペクトされるリーダーになるために 31

文化の話ができるようになろう。

32 昔話しかしないのは、勉強していないからだ。

「部下が本を読まないんです」と言うリーダーがいました。

そのリーダーが本を読んでいるかというと、たいして読んでいません。

「部下が本を読まない。自分は読んでるけど」と思い込みがあるのです。

本が好きな人は、そもそももっと読みたいと思っているので、「最近、自分は本が読めてないな」という実感があります。

「自分は本を読んでいる」と言う人は、そもそも読む量が少ないので、自分は頑張って読んでいるほうだと思っているのです。

本を読む人たちには、本を読む人同士のネットワークがあります。

自分の本を読む量は、所属する集団の本を読む量と同じです。

本を読む人は、本を読む人と友達です。

本を読まない人は、本を読まない人と友達です。

本を読む人と読まない人は会話が合わないので、友達になることはないのです。

自分のまわりの人が本を読まないとしたら、それは自分も読んでいないということです。

本を読む人は自分のまわりに本を読む人がたくさんいるから、「みんなは読んでいるのに、自分はあまり読んでないな」という実感が持てるのです。


勉強も同じです。

部下が勉強しないのは、上司が勉強していないからです。

そのチームの中で最も勉強している人がリーダーです。

「自分はもうできているから勉強しなくていい」と思っているリーダーは、部下に追い越されていきます。

人を引っ張っていく人は、引っ張られる人よりも、はるかに勉強量が必要です。過去に勉強したことは、新しい時代には役に立ちません。

医学の世界が最たるものです。

過去の国家試験の内容と真逆になっているのが、現在の医学の状況です。

「自分は何年も前に国家試験に受かって経験を積んでいる」と言いますが、その人が今の国家試験を受けると通らないのです。

医学が圧倒的に変わって、知識が足りないからです。

国によっては、お医者さんに毎年国家試験を受けさせています。

そのほうが本来は適切なのです。

リスペクトされるリーダーになるために 32

部下より、勉強しよう。

33 社内のマナーは、社外では通じない。

リスペクトされるリーダーは、社外に強いのです。

社外に人脈があって、社外のことに通じています。

古いリーダーは、社内には強いけど、内弁慶《うちべんけい》で社外にはまったく弱いのです。

古いリーダーは、外で横柄でマナーが悪いのです。

社内では役職についていても、社外へ出たら関係ありません。

たとえば、京都のお店で名刺は通じません。

その人の立ち居振る舞いが名刺です。

「一見《いちげん》さんお断り」というのは、実際はタテマエです。

玄関で水をまいているおじさんが、入ってくるお客様を選別しています。

断る口実として、「一見さんお断りしてるんです」と言っているだけです。

実際は、その人のマナーが悪いから断られているのです。

そんなお客様に来られたら、ほかのお客様に迷惑がかかるからです。

「京都のお店は一見さんお断りなんですよね」と言っている人は、断られているマナーの悪い人なのです。


まずは、社外でのマナーをよくすることです。

リスペクトされるリーダーは、社外では自分から挨拶して、名刺を出します。

社内でそこそこ偉くなると、「向こうから来い」「挨拶は向こうからするべき」という意識になります。

向こうから来るのを待つのではなく、自分から行くことが大切なのです。


リスペクトされるリーダーになるために 33

マナーをよくしよう。

34 会社のためより、世の中のためを考える。

「うちの会社は全国で1000店舗出す」と言っても、部下は「だから何？」と思います。

昔は「ヨッシャー、行けー」と、部下のモチベーションが上がった時代がありました。

今はそんな時代ではありません。

社員の意識は、よりお客様に近づいているのです。

うちの近所に新しいお店がオープンしました。

料理もおいしいし、インテリアもオシャレだし、店長さんもやる気満々で感じがいいのです。

その店長さんが「全国で1000店舗を目指しているんです」と言った瞬間に、

少し引きました。

「何店舗を目指している」とか「売上げ何億円を目指している」と言われても、お客側としては関係ないのです。

むしろ「自分は今、売上げ何億円のための1つの材料になっているのかな」という気持ちになります。


お客様も引いてしまいます。

部下も引いていることに上司は気づいたほうがいいのです。

そのほうが、一人のお客様の幸福感を生み出します。

お客様の幸福感を自分の幸福感として、いかに感じられるかです。

「今度こんな新しいメニューを出そうと思うんですけど、食べてみてもらえますか」と言われたら、喜んで協力します。

「全国1000店舗出すために協力をお願いします」と言われても、協力する気になれないのです。

損得だけで動く上司に、リスペクトは感じません。
損得だけで動く会社に、お客様が魅力を感じないのと同じです。
ゴミの分別は、直接的には、お客様に関係のない話です。
それでも、めんどくさいゴミの分別をしている会社を、お客様は支持します。
リスペクトとは、損得を超えた所から生まれるのです。

リスペクトされるリーダーになるために 34

損得で、動かない。

第4章

チームに「弱み」を見せているか。

35 売上げを、ゴールにしない。

売上げをゴールにする上司に、部下はついていきません。
たしかに、売上げが上がることはモチベーションの1つにはなります。
ただし、それがすべてになると、部下としては楽しくないのです。
私は飛行機の機内販売のアドバイスをしたことがあります。
アドバイスすると、売れるのです。
「もっと教えてください」と言われて、また教えました。
この時のモチベーションは、もちろん「売れると楽しい」に集約されます。
売れるための工夫をすること、お客様に喜んでもらうことが楽しいのです。
ノルマの達成がゴールになると、モチベーションは下がります。
一人のお客様にどう満足してもらえるかです。

お客様から感謝のお手紙が届くことが目標なら、まだ頑張れます。

売上げをいくらにするとなると、お客様が売上げの数字に見えてきます。

それは働く側のモチベーションにならないのです。

より大きく、より強く、より売上げを上げるということを目指すのは、20世紀の拡大主義です。


カッコよさは、時代で変わります。


本を出している人は、よく「今、○位なんです」と言います。

何位ということを、あまりモチベーションにしないほうがいいのです。

ランキングに入っている時はモチベーションになりますが、ランキングからはずれた瞬間にモチベーションが下がってしまうからです。


私は1通の手紙でモチベーションが上がります。

「死のうと思っていたんですけど、中谷さんの本を読んでやめました」という1通の手紙でいいのです。

それは何位ということは関係ありません。

「死ぬのをやめさせた人ランキング」は、いらないのです。

私は今まで1000冊を超える本を出しています。

私の中では、売れなかった本のほうが愛着があります。

そういう本を好きと言ってくれる人がいたら、「わかってくれる人がいた。よくそれを買ったね」と、握手したくなります。

ベストセラーとか代表作を好きと言われても、逆に、「この人は僕の本をあまり好きじゃないのかな」と思います。

マニアックな本を「好き」と言ってくれるのが、うれしいのです。


リスペクトされるリーダーになるために 35

「売上げ以外のゴール」を持とう。

36 働き方改革とは、夜型から朝型に変わることだ。

古いリーダーは、遅くまで仕事をすることに喜びを感じます。

「5時からが仕事」という人は、たくさんいます。

これが今、変わったのです。

9時〜5時は休んでいて、仕事終わりのチャイムが鳴ってからだんだん目が覚めてくる人たちは、モチベーションが上げられなくて困っています。

その働き方が会社の生産性を下げていたのです。

同じ時間働くなら、朝働いて、早く終わったほうがいいのです。

江戸時代の職人さんの仕事は昼で終わりです。
農家は、もともと夜は仕事にならないので、朝方に仕事をしていました。
それが明治以降、突然、夜型になったのです。
本来、お役所の仕事は、「朝廷」と言われているように、朝に開かれていました。
夜の判断は間違うことを知っていたから、難しい決めごとを朝に判断したのです。
これが奈良時代まで続きました。
平安時代になると、お寺の火事が増えました。
原因は、ろうそくです。
お寺がお役所のような仕事をしていたのですが、残業が増えて、火事が増えたのです。
平安時代は権謀術数《けんぼうじゅっすう》の世界になって、夜の密談が増えていきました。
政治が権謀術数に変わっていったのが平安時代です。
飛鳥時代までは、ろうそくを使わないで、明るい間に仕事をしていました。

コロナでこれが起こったのです。
リスペクトされる仕事は朝にします。
そのほうが1日を効率よく過ごせるのです。

リスペクトされるリーダーになるために 36

夜より、朝に強くなろう。

37 「もう少し、様子を見よう」が、部下の信頼をなくす。

時代の転換期は、決断しなければならないことが増えています。

決断できるリーダーに、部下はついていきます。

決断できないのは、決断して失敗した時の責任を取りたくないからです。

決断を引き伸ばすために、「もう少し様子を見てみよう」と言うのです。

これが一番、部下の信頼をなくします。


不調の時にこそ冒険ができます。

好調な時は、冒険がしにくいのです。

「好調になったらしよう」と言っている人は、好調になっても、「好調の時にペースを崩してはいけないから、不調になったらしよう」と言います。

結局、どちらもしないのです。

不調の時に攻めることで部下は勇気づけられて、「この人についていこう」と思うのです。

不調になっても守りに入らないことです。

守っているリーダーに部下はついていきません。

「とにかく零点で抑えろ。失点するな」と言われると、11人でディフェンスにまわる形になって勝てなくなります。

「10点取られてもいいから、11点取ろう」と言われると、モチベーションが上がるのです。

10連敗した時に「15連敗までいいよ」と言われると、ラクになります。

「とにかく明日勝て」と言われると、かたくなって勝てなくなります。

連敗している時に、この人についていこうと思うかどうかが分かれます。

調子が悪い時は、リスペクトが生まれるチャンスなのです。

「もう少し、様子を見てみよう」と上司が言う時、部下は、「さすがは、慎重な上司だ」とは解釈しません。

「上司は、作戦を思いつかないんだな」と、心配になります。

リスペクトがないのではなく、心配になるのです。

むしろ、部下が「もう少し様子を見よう」という気分になっている時に、具体的な行動を始める。

そうすることで、部下は、驚きながらも、モチベーションが上がるのです。

モチベーションは、驚きから生まれます。

リスペクトされるリーダーになるために 37

不調の時こそ、冒険しよう。

38

苦手なことを、隠さない。

古いリーダーは、部下に教えたがります。

教えることで自分の威厳を保とうとするのです。

本当の威厳は、自分の弱点、自分のできないことをオープンにして部下に頼れることです。

「これ知らないから教えて」

「これできないから教えて」

ということを素直に言えるかどうかです。

古いリーダーは、部下に頼られようとします。
これはワンウェイの関係です。
今はせっかくこれだけＩＴが進んで、上司ができないことだらけです。
ＩＴリテラシーに関しては、若い人のほうがはるかに高いのです。
彼らはネイティブＩＴで、ナチュラルボーンＩＴです。
上司は手書きの時代の人間です。
手書きの強さはありますが、ＩＴは若い人たちにどんどん教わればいいのです。

魅力は、長所だけにあるのではありません。
短所で愛されることもあります。
「あの人、こんなことができないのか」というのが、かわいいのです。
古いリーダーは、「かわいい」と言われるとバカにされたと思います。
「かわいい」も魅力のうちです。

「あの人はこんなに仕事ができるのに、こんな簡単なことができなくてカワイイ」

と思われるのが「恋愛型リーダー」の所以《ゆえん》です。

完璧な人には誰もついていけなくなります。

苦手なことを隠さなくていいのです。

苦手なことを持っていたら、それは部下に教わるチャンスです。

「今の部下はドライなんだよね」と、ＩＴ企業の社長が悩んでいました。

「中谷さん、社員に挨拶させるにはどうしたらいいんですか」と言うのです。

隣にいるのに「おはようございます」をメールで送ってきたり、「辞めます」もメールで来るのです。

悩んでいるのは、老舗の社長ではなく、ＩＴ企業の社長です。

若い世代はドライで、関係を求めていないというのは、大間違いです。

関係性が希薄なネットの時代です。

特に、コロナでリモートになればなるほど、昔よりも関係性を求めるようになっています。

関係性は「飲みニケーション」だけではありません。
お互いに甘えること、頼ることが関係性です。

甘えられ上手、甘え上手になることです。

部下に甘えられ上手になるには、上司も部下に甘え上手になればいいのです。

リスペクトされるリーダーになるために 38

苦手なことは、部下に教わろう。

39
「決まりだから」が、一番部下の信頼をなくす。

一直線上に進んでいる時代は、マニュアルですべて対応できます。

変化の時代は、マニュアルの中におさまる率は、どんどん少なくなっています。

部下が「こういうことやりましょうよ」と言った時に、上司が「決まりだからできないんだよね」と言った瞬間に部下の信頼をなくします。

「オレ、これ嫌いなんだよね」と言われるなら、まだ救われます。

ヘンな理由をつけられると、「嫌いなら嫌いと言えばいいのに」と思われます。

「嫌い」を出してくるほうが、部下はうれしいのです。

「君は知らないかもしれないけど、前もこれをやって失敗したんだよね」と言いますが、今は状況が違います。

一回失敗したことは、改善を加える余地があります。

「こういうのは売れないんだよね」と、最初から決めつけないほうがいいのです。

「マニュアルはこうなっているけど、破ろう」と言える上司が信頼できるのです。

私は、花岡浩司先生にボールルームダンスを習っています。

教科書にやってはいけないと書いてあることを次々やるのが快感です。

どこまでがフェアで、どこからがファウルかという境目のラインは、やってみないとわからないのです。

トーストを焼く時間は、「何分何十秒焼いたら焦げる」という体験をしないとわかりません。

そこに幅があるからです。

視覚障害者は、黄色い点字ブロックの上を歩くのが速いのです。

実際は、点字ブロックの上ではなく、ブロックとブロックの間を歩いています。
ブロックの真上を歩くと、どこにブロックがあるかわからなくなるからです。
枠からはみ出すことで、新しいマニュアルを生み出すことができます。
そこにチャンスがあるのです。

リスペクトされるリーダーになるために 39

時には、マニュアルを破ろう。

40 出たアイデアを、すべてホワイトボードに書く。

ブレストでアイデアを出す時に、部下が「こういうのをしたらどうですか？」と言いました。

古いリーダーは、それをホワイトボードに書いてくれません。

「もっと画期的なのを出せ」「もっとインパクトのあるものを出せ」と言うのです。

リスペクトされるリーダーは、くだらないことでも、「くだらないこと言ってんな」と言いながらホワイトボードに書いてくれます。

これで部下はアイデアを出しやすくなるのです。

これがやりとりです。

私が打ち合わせをする時は、企画書はいりません。

前出のダイヤモンド社の土江さんは、「企画書はないんですけど」と言いながら、メモに小さい字で「宗教」と書いてあります。

「土江さん、宗教って何？」と聞くと、「中谷さんが宗教について書いたら面白いんじゃないかなと思ったんです」と、トツトツと言うのです。

これは「清書主義」ではなく、「落書き主義」です。

盛り上がるチームは、みんなで落書きができるのです。

落書きする時に自由な発想ができ、アイデアが生まれます。

落書きしている時は、何かを書こうとしていないし、清書もしていません。

字も絵も、下書きが一番強いのです。

清書している段階で、エネルギーは消えていきます。

きれいな紙に書くよりも、チラシの裏に描いた絵が一番いい絵になります。

「しまった、チラシの裏に描いてしまった」と後悔するくらいでいいのです。

私の師匠の藤井達朗さんの打ち合わせは、お箸のお手元です。あの狭い場所に小さい字で書くから集中できるのです。一緒にお茶を飲みながら、ナプキンに書くこともありました。立派な部屋で、プリントアウトできるような立派なホワイトボードがあると、構えてしまいます。

構えずに雑談と落書きからアイデアをつくっていくのが、一番ワクワクできるのです。

リスペクトされるリーダーになるために 40

腕組みするより、手で書こう。

41 部下より、メモの多いリーダーになる。

古いリーダーは、よく「オレの話をメモしろよ」と言います。
今、若い部下はペンを持っていません。
すべてスマホです。
卒論もスマホで書いたのです。
しかも、スマホの打つスピードが速いです。
大学生もペンを持たずに大学に来ます。
必要な時はスマホにメモしておけばいいからです。
自分はそんな世代ではないと思うなら、部下が言ったことをきちんとメモすればいいのです。

部下は「自分が言ったことを拾ってくれた」と、うれしくなります。

それがメモのよさです。

レストランで、ウエイターの人に「何かご意見がありましたら、シェフに伝えますので言ってください」と言われました。

私は「ポーション（分量）はもっと少なくてもいいかもしれませんね」と言いました。

その時にメモしてくれるだけで、うれしいのです。

実際に伝えなくてもいいくらいです。

メモをしていなかったら、本当に伝えるとしても、それ以上言う気がなくなるのです。

患者さんの話をメモにとってくれるお医者さんは、信用されます。

パソコンにパチパチパチパチと打ち込まれると、「このお医者さん、大丈夫かな」と思います。

フォーマットに合わせて丸をつけていくような形では、何か信用できません。

残念なウェディングプランナーは、選択肢に丸をつけていきます。

愛されるウェディングプランナーは、言っていることをすべて白紙の紙にフリーハンドで書いていきます。

ここで信頼関係が生まれます。

メモは、コミュニケーションにおいて信頼関係が生まれるツールなのです。

リスペクトされるリーダーになるために 41

部下の言葉を、メモしよう。

42 選んだほうが、正解になるように努力する。

決断力があるリーダーに、人はついていきます。

決断できないのは、「間違いだったらどうしよう」と、心配だからです。

今の時代は、正解が見当たりません。

ひと昔前までは正解があって、それに向かっていきました。

リーダーが正解を知っていて、部下は上司の正解を見つける係だったのです。

「正解がない」というのは、「すべてが正解」で、どれを選んでもいいということです。

ポンと決めて、選んだほうが正解になるように努力するほうが迷いはないのです。

部下が一番ゲンナリするのは、上司が迷うことです。

「やっぱりさっきのほうがよかったかな」と言った時点で、「今」に集中できなくなります。

そうではなく、選んだほうを正解にする努力をすればいいのです。

「こっちでよかった」という気持ちが、モチベーションを生み出します。

リーダーの仕事は、部下のモチベーションを生み出すことです。

モチベーションの総体が大きいチームのことを「強いチーム」と言うのです。

リーダーの仕事は、部下の下がったモチベーションを上げることです。

一人のモチベーションを上げるのではなく、10人いたら10人全員のモチベーションの合計を上げていきます。

そのためには、まず、選択に迷わないことです。

その選択がよかったと信じ、それが正解になるように努力と工夫をすることが、リーダーの仕事なのです。


リスペクトされるリーダーになるために 42

選択に、迷わない。

43 部下を変えようとせず、自分が変わる。

「なんとか部下を変えてくださいよ」と、経営者の人によく相談されます。

「部下が変わる前に、あなたが変わりなさい」という話です。

リスペクトされないリーダーほど、自分を変えずに部下を変えようとします。

ここでストレスが生まれるのです。

古いリーダーは、疲れています。

サボっているわけではありません。

頭の中では、ひたすら「なんで部下は変わってくれないんだ。おかしい、おかしい、おかしい……」と、叫び続けています。

ベースは、「他者を変えることは不可能」ということに気づいていないことです。

できないことをしようとするから苦しむのです。

自分を変えることは、可能です。
他者を変えることは、不可能です。
いい部下をダメな部下にすることも、ダメな部下をいい部下にすることもできません。
変えるのは本人でしかありません。
それは焦らなくていいのです。

リスペクトされるリーダーになるために 43

「他者を変えるのは不可能」と、気づこう。

44 人を変えることはできない。刺激することはできる。

私の師匠の藤井達朗さんが若くして亡くなって、次の師匠についた時に、「おまえはオレの弟子になるつもりはあるのか」と聞かれました。

私は即答で、「ない。僕は今でも藤井達朗の弟子だから」と答えました。

今から思うと、そんなことをよく言ったなと冷や汗が出ます。

その上司は「なにぃ！」と激高しました。

その答えは想像していなかったのです。

それでも私は、その上司からたくさんのことを学びました。

いつの間にか、「この人から学んだほうが得だ」と感じるようになったのです。

「学んだほうが得だ」と思わせるようとすることはできません。

それはあくまで本人が思うことだからです。

コップが下を向いているのに、水を入れることができないのと同じです。

コップを上に向けるのは本人です。

下を向いているコップに注ごうとすると、むなしくなります。

人を育てるには、忍耐力がいります。

単純なことです。

「人を変えることはできない」という原則がわかっていればいいのです。


ただし、刺激することはできます。

上司が楽しそうに勉強していたり、楽しそうに本を読んでいたり、楽しそうに仕事をしていることが刺激になります。

部下は「大変な状況の中で一生懸命やって偉いな」と思うと同時に、「でも、楽しそうだな」と思います。

それが人を変えるキッカケになるのです。

「刺激」と「変える」は違います。

リーダーが常に変わり続けようと挑戦し続けることが、部下の刺激になるのです。

部下に馴染もうとして、流行りの話題をする上司は、引かれます。

「中途半端に、古い」のです。

「今、こういうのが、流行ってるんだろ」という情報が、もはや古いのです。

「中途半端に古い」は、「思い切り古い」よりも、めんどくさがられます。

流行りの話をするよりは、今自分がしていることの話をするほうが、共感してもらえるのです。

リスペクトされるリーダーになるために 44

毎日、挑戦しよう。

45 「君のため」が、部下には、めんどくさい。

「君のために」とか「おまえのために言ってるんだ」というのは、結局、価値観の押しつけです。

部下の価値観が上司の価値観と同じとは限りません。

むしろ違うことが99%です。

似ていても、違うのです。

価値観が同じ人は、一人もいません。

チームは、価値観が違う人が大勢集まることで強くなるのです。

お客様の価値観も、まちまちです。

すべてのお客様が、「便利」「安い」を求めているわけではありません。

不便なほうが好きな人もいれば、高いほうがいいと思っているお客様もいます。

「おまえのために言ってるんだ」というのは、部下に対する過干渉です。


チームが一番弱くなるのは、上司が部下に依存が始まった時です。

依存には「良い依存」と「悪い依存」があります。

自分より上のステージの人間に依存するのは、良い依存です。

自分より下のステージの人間に依存するのは、悪い依存です。

習いごとでも、生徒が先生に依存するのは、良い依存です。

それは、学ぶことだからです。

それが逆転して、先生から生徒への依存が起こることがあります。

生徒が「今までお世話になりました。これからは自分でやってみます」と言った時に、「なんで辞めるの。辞めないで」と言う先生がいます。

卒業を認められないのです。

いつの間にか先生が生徒に依存しています。

生徒に依存していない先生は、「自分でやるなら頑張って。逆にこっちにもいろいろ教えて。教わりたいことがあったら教えるから、いつでも来て。自分は研究しているから」と言います。

本来、先生の本業は教えることではありません。

自分が何か研究していることがあって、それを一緒に研究することが「教える」に近いのです。

武道の世界は、師匠と弟子は「よろしくお願いします」から始まって、「ありがとうございました」で、師匠も頭を下げて終わります。

これからの新しいリーダーは、上司・部下の関係から、師匠・弟子の関係にまた戻っていきます。

「オレはできている。だから、もういい」と言うのが、上司です。

「オレはできている。だけど、明日はもっとうまくやってやる」と言うのが、師匠です。

そのために研究を続けているのです。

師匠は弟子がいなくなっても、「なんで辞めるの？」とは言いません。

成長していないリーダーは、弟子がいなくなると、よりどころがなくなります。

これは共依存です。

ダメ男とつきあっている女性は、その人に頼られることによってしか自己肯定感を感じることができないのと同じです。


子どもの親離れよりも、親の子離れのほうが難しいのです。

「オレがいないとあいつは生きていけない」と言いますが、そんなことは何もありません。

その上司は部下離れできていないのです。

むしろ、その上司は部下がいないと生きていけません。

仕事の問題ではなく、人間的に捨てられた感があるのです。

人に頼られなくても、自分で好きなものを追い続けて、自分の成長を感じられるのが本当の自己肯定感です。

リスペクトされるリーダーになるために 45

部下に、干渉しない。

46

帰り道が同じでも、別々に帰る。

人が集まる時は、「現地集合・現地解散」が原則です。

人との出会いは、一期一会です。

古いリーダーは、先にどこかに集まってミーティングしてから得意先に行きます。

帰る時も、「帰り道が同じだから一緒に帰ろうよ」とか、「帰りに一杯飲んでいく？」とか、ずっと一緒でいたいのです。

これは、部下依存です。

たとえば、得意先の接待で、部下が上司について、三次会まで行きました。

上司は「お疲れさま」のつもりで、三次会の後、部下に「帰りに飲んでいこうか」と誘います。

それは単に、自分が癒やされたいだけです。

それに部下をつきあわせているのです。

部下としては仕事が増えています。

上司は部下を接待しているつもりですが、接待されているのは上司のほうです。

部下に「それって残業代がつきますか」と言われてショックを受けるのです。

上司につきあわされるのは、部下にとっては残業です。

そこで「最近の部下はひどいよね」と言うのは違います。

実際は、上司が部下に面倒をみてもらって、上司介護をされている状態です。

それに気づくことが大切なのです。

リスペクトされるリーダーになるために 46

現地集合・現地解散しよう。

第5章

部下よりも「とんがって」いるか。

47 全部自分でやろうとしない。「仕事離れ」がよくなる。

古いリーダーは、すべて自分でしようとします。

「部下離れ」が悪いのと同じように、「仕事離れ」が悪いのです。

これをすると、部下がいつまでも育たない。

部下のモチベーションも上がりません。

私の先輩は、ラジオCMを5本作る時に、「俺が先に作るから」と言いました。

私はなんとなく、自分のアイデアを先輩が添削して、それで一緒に作るのかなと思っていました。

ところが違っていました。

「俺は3本作るから、おまえは2本作れ」と言われて、「そうなんだ。それはうれしい」と思いました。

現場に行くと、「俺が先に作る」と言って、先輩が3本撮った後、「じゃ、作っとけよ。お疲れ」と言って帰ろうとしたのです。

「ちょっと待ってください。帰るんですか」と言うと、「見てたろう、俺がやってたの」と言うのです。

「しまった。もっときちんと見ておけばよかった」と思いました。

私には、ずっと甘えがありました。

私が作る時に先輩がいて、きちんとアドバイスしてくれるものだと思っていたのです。

「見てたろう、俺がやってたの」というのは、最高の指導です。

すぐれたリーダーは、「部下がどのように学ぶか」という意識を持ち、指示待ちを早く卒業させます。

これを両者、卒業したほうがいいのです。

リーダーが、仕事離れがよくなることで、責任逃れと指示待ちがなくなります。

たとえば、ラーメン屋さんが2店舗目をつくった時に、自分のいないほうのお店にトラブルが多発します。

自分が全部をしようとすると、ほかの人は指示待ちになります。

指示待ちの人は、リーダーがいないと自分たちでは何も決められないのです。

多店舗展開をする時は、まず、1店舗目と2店舗目のどちらもまわっていくことが大切です。

すべて自分でしようとする人は、1店舗が限界なのです。

残念なリーダーは、「責任逃れ」をします。

残念な部下は、「指示待ち」をします。

リスペクトされるリーダーになるために 47

責任逃れと、指示待ちを、卒業しよう。

48

自分がいなくても、まわるようにする。

古いリーダーは、自分がいなくてもチームがまわるようにすることができません。そこに寂しさを感じるからです。

「な、自分がいないとダメだろう？」というのを味わいたいから、わざと部下を指示待ちの状態に持っていきます。

指示待ちの部下をかわいがって、自分で判断する部下に「おまえ、何勝手にやってんの。俺は聞いてないよ」と言うのです。

リーダーの仕事は、リーダーを育てることです。

自分以外をフラットにするのではありません。

自分が一人のリーダーを育てて、そのリーダーが全体をリードしていく形にしていくのです。

リスペクトされるリーダーになるために 48

リーダーを、育てよう。

49
打ち合わせは、マン・ツー・マンがベスト。

会議に呼ぶのは、一人だけがベストです。

古いリーダーは、とにかく会議に大勢呼ぶのが好きです。

「一応○○さんにも聞いといてもらおう」という形で、後でメールを送ればすむ人まで呼んでしまいます。

そのために大きい会議室をとるので、時間がかかります。

みんなの時間の調整も必要になって、決定が遅れるのです。

しかも、会議に遅れて来る人がいます。

本人も遅れます。

自分の手帳は会議で埋まってしまっています。

臨機応変な対応が必要な時に、「今日は会議があるから」ということで対応できなくなります。

会議が４つも５つもあることを自分の「仕事している感」にしている人たちは、テレワークになった瞬間に、「オレ、仕事してるかな？」と、急に不安になるのです。


打ち合わせは、とにかくマン・ツー・マンです。

トイレでの立ち話、廊下でのすれ違いざま、エレベーターの中です。

これができるのが、すぐれたリーダーなのです。


リスペクトされるリーダーになるために 49

会議に大勢呼ばない。

50 数値化できない成長を、見つける。

部下の評価は、「結果」では出せません。

評価は、「プロセス」で出すものです。

結果は数値化できるから、よかったか悪かったか、部下は自分でわかっています。

結果が数値で出なかった時に、それをしてどういう意味があったのかを上司が見ておきます。

「売れなかったけど、人脈ができた」

「次の機会ができた」

「こうしたら売れないというデータがとれた」

「やりながら、なんとなくコツがわかってきた」

「こうすれば失敗することがわかった」

「うまくいかなかったけれども、君はモチベーションを失わないで凄いね」

と、**きちんといいところを見つけるのがリーダーです。**

これは数値化できない「非認知」の部分です。

それをピックアップすることで、結果として、部下の数値化できる部分の能力も上げることができるのです。

ここにリーダーの個性が生まれます。


数値で評価するなら、ＡＩで十分です。

ＡＩが見つけられない、その人間の長所に気づけるのは、人間しかいません。

たとえば、決断の遅い部下がいた時に、ＡＩは決断までの所要時間で偏差値40という数値を割り出します。

それはＡＩの判断で、誰が見ても同じです。

リーダーは、「おまえのそういう慎重なところは大切だ」と言ってあげられます。

慎重すぎることが求められる仕事は、パイロットやお医者さん、裁判官など、たくさんあります。

それを「決断が遅い」と言われたら、部下がかわいそうです。

AIにできない仕事は、数値化できないものを見つけることなのです。

それをするのが、リーダーなのです。


リスペクトされるリーダーになるために 50

プロセスを評価しよう。

51 部下に「とんがりすぎ」と注意される存在になる。

リーダーは、部下に「それはとんがりすぎ」と言われて、とめられてちょうどいいのです。

リーダーと部下がいる時は、部下が先に守りに入ります。

変化を拒絶するのは部下のほうです。

リーダーが変わろうとしなければ、部下から変わることはありません。

部下に「もうちょっと攻めましょうよ」と言われたら、そのリーダーはよっぽど遅いのです。

部下は保守的です。

ある新しいベンチャー企業の経営者が、「部下にいつもとめられるんですよ」と言っていました。
だからこそ、ベンチャーなのです。
「うちの部下は飛びはねすぎるんですよ」というのは、リーダーが遅いのです。
私もものを表現するクリエイターです。
「ここはもう少し無難にしておかないと」と言われると、少しカチンと来ます。
でも、私がまだとんがりをきちんとキープしていることを感じられます。
逆に、「もう少しとんがりましょうよ」と言われたら、表現者としてまずいのです。

リスペクトされるリーダーになるために 51

部下より、過激になろう。

52 部下の研修より、自分の研修をする。

あるリーダーに「うちの社員を研修してください」と言われました。研修に行くと、「いいか、中谷先生の話をよく聞くんだぞ。私はちょっと別件がありますので」と言って、いなくなってしまったのです。

それでは、部下が勉強しようという気持ちになりません。

一方で、リーダーが「私に教えてください。ほかにも何人か優秀な部下だけにしますから、一緒に聞かせてもらってもいいですか?」と言う会社は伸びていきます。

その会社のリーダーは、メモの量が一番多いのです。

リーダーが最前列にいて、一番真剣に聞いています。

私が研修する時も、一番前に座って、一番真剣に聞いて、一番メモをとって、一番質問している人がリーダーになっていきます。

リーダーが「別件がありますので」「ヤボ用がありまして」と言っているところの社員は勉強しなくなります。

部下は、リーダーをまねるのです。


リスペクトされるリーダーになるために 52

研修は、最前列に座ろう。

53 値下げをすると、部下のモチベーションが下がる。

部下は、「自分は高いモノを売っている」「付加価値の高いモノを売っている」というところにモチベーションを感じます。

今は、あらゆるモノの値段が下がっています。

売れなくなると、「値下げ」という麻薬の選択肢が出てくるのです。

値下げをすると、部下のモチベーションは下がります。

「ああ、あの安さを売りにしている会社ね」と言われた瞬間に、モチベーションが下がるのです。

安いことをウリにすると、買う人のリスペクトもなくなります。

お客様を増やすために値下げをすると、部下の給料を下げたり、部下のクビを切ることになります。

結局、部下に負担を強いることになるのです。

給料は下がってもいいのです。

何よりも、安いモノを売っていることが、部下にとっては一番ガッカリすることです。


たとえば、銀座のクラブのホステスさんの給料は他の地域より安いのです。

お店の価格は一番高いのにです。

それでも「銀座の高いクラブで働いている」という誇りがあるから、人が集まります。

安いお店は、「こんな安いところで働いているんだから、高い給料をもらわないとやってられない」ということになるのです。

これが値下げをして部下のモチベーションを下げることのマイナスです。

「値下げをしたほうが、お客様が増える」というメリットだけを考えてしまいがちです。

部下のモチベーションが下がるデメリットに、いかに気づくかということなのです。

付加価値とは、「どこにも、真似ができないこと」をすることです。

「どこよりも、安いこと」をすることで、やりがいは生まれません。

「どこにも、真似ができないこと」をすることで、やりがいが生まれるのです。

リスペクトされるリーダーになるために 53

値下げをしない。

54
部下の仕事の大変さを、理解する。

「部下には人並みに感謝しています」と言う人は、たしかに感謝はしていますが、ねぎらってはいません。

「今日は部下をねぎらいましたか？」と聞くと、「ねぎらうって何？」と言うのです。

「お疲れさんとか、ご苦労さまとかは言っているけど」と言いますが、それは「感謝」です。

お客様からクレームをもらった時に、たいていの上司は「ダメじゃないか。あれほどあのお客様は気難しいんだから、きちんとしないといけないと言ったじゃないか」と、怒っています。

ここで、「ねぎらい」が必要です。

「難しいお客様に対応してもらってゴメンね。言いにくい報告をしてくれたね。大変だったね」と言うのが、ねぎらいです。

クレームがあった時にこそ、ねぎらいが必要です。

お客様からお褒めをいただいて、「ありがとう」と言うのは、感謝です。

リーダーは、セクハラの解決も求められます。

特に、男性のリーダーはセクハラ問題が一番苦手です。

「その辺、もう少し話し合ってなんとかしてよ」と言って、「こいつ、逃げたな」と思われるのです。

「辛い思いさせたね。早速なんとかしよう」と言うのが、ねぎらいです。

大切なのは、感謝より、ねぎらいなのです。

古いリーダーは、「よくやった」と言います。

本人は、ねぎらっているつもりです。

「よくやった」は、ねぎらいではなく、評価です。

ねぎらいは、結果ではなく、プロセスです。

部下は、結果ではなく、プロセスを見てほしいのです。

「締切に間に合わせた」ことではなく、「デートの約束をキャンセルしてくれた」ということを、ねぎらってもらうことで、救われるのです。

モチベーションを上げるとは、「救う」ことなのです。


リスペクトされるリーダーになるために 54

感謝より、ねぎらおう。

55 中身のない雑談が、チームを強くする。

テレワークになって減っているのが、「雑談」です。

間にモニターを挟んでいるから、雑談がしにくいのです。

オンラインでは、みんながどんどん音声をミュートして、画面を消し始めるという現象が起きています。

ミュートは、最初は背景の雑音を消すことが目的でした。

それが「今から話す自分の話を黙って聞け」という意味に変わりました。

相手に口を挟まれないために、音声を消すのです。

だんだん「音声を消して黙っているなら、画像もいらないよね」ということになっていきました。

本来、Ｚｏｏｍにはツーウェイのよさがありました。

それがいつの間にか、ワンウェイのスピーカーのようになってしまったのです。
ワンウェイになると、雑談はなくなります。
雑談で大切なのは、ツーウェイでの短いやりとりの応酬です。

古い上司は、自分の面白い話で相手を笑わせたいと思っています。
しかも、その話が長いのです。
ムダな言葉がたくさんあって、笑えません。
ウケないと、また次の話を延々とするのです。
いまだに経営者の人に「朝礼のネタ、何かないですか」と相談されます。
理由は簡単です。
みんなが感動する、中身のある話をしようとしているからです。
雑談は、中身のない、オチのない、くだらない話です。
くだらない話が、チームのコミュニケーションを生み出します。

強いサッカーチームは、メンバー同士がしょっちゅう、くだらない話をしています。

コミュニケーションの悪いチームは、必要なこと、意味のあることしか話していません。

この話をすると、古いリーダーは驚きます。

「エッ、話に中身やオチがなくていいんですか。そんなの軽蔑される」と言うのです。

軽蔑されません。

チームの風通しのよさは、くだらない話をどれだけ共有できるかで決まります。

アイデアもそこから生まれ、お互いの気心も知れるのです。

リスペクトされるリーダーになるために 55

「くだらない話」をしよう。

56

変化の時代は、スピード勝負。

変化の時代は、何が正しいかはどうでもいいのです。

大切なのは、どちらが速いかです。

大阪では、「やわらかい焼きそばと、かたい焼きそばがありますけど」「じゃ、速いほう」というやりとりがあります。

とにかく速いほうが正解です。

消防の教科書に「正確に、素早く」と書いています。

これは要素が2つ入っています。

いざ、どちらかを選ばないといけない時に、2つあると迷います。

私は「正しさよりも速さを選べ」と言っています。

危機管理において一番大切なのは、速さです。

部下は、速いほうについていきます。

正しいほうについていくというのは、言葉にトリックがあります。

その時には正しさがわからないからです。

「あれが正しかったな」というのは、後になってわかることです。


「じゃあ、正しさはどうでもいいんですか?」と言う人がいますが、速いほうが正しいのです。


速いほうが、やり直しの時間が残ります。

編集者が困るのは、作家がいつまでも原稿を返してくれないことです。

それよりは、早く返して、「ここが気になるんですけど」というキャッチボールを増やすのが正解です。

100%よりも、40%でいいから返します。

40%を3回繰り返して120%に持っていくのが、変化の時代の対応の仕方です。

そのほうが、お互いのコミュニケーションもとれるのです。

三振を取りにいってフォアボールを出すと、野手は「自分は信用されていないんだな」と思って、ピッチャーから気持ちが離れていきます。

ベストは、三振の数が少ないのに、パーフェクトゲーム、ノーヒットノーランになることです。

野手は、このピッチャーのために、エラーしないでアウトにしようと頑張るのです。

エラーが生まれるのは、ピッチャーが三振を取りにいってフォアボールを出した後です。

野手は「野手を信頼していないのか。一人でやってほしい」という気持ちになります。

リーダーが、このピッチャーにならないことが大切なのです。

ピッチャーが「打たせて取る」タイプだと、チームワークがよくなります。

古いリーダーは、正しさにこだわります。

新しいリーダーは、速さにこだわります。

部下は、正しいリーダーより、速いリーダーに、ついていくのです。

進化に、正しさはありません。

進化とは、速さなのです。

多様性に、正しさはありません。

多様性とは、速さなのです。

リスペクトされるリーダーになるために 56

打たせて、取ろう。

57

働き方が変わったということは、求められるリーダー像が変わったということだ。

今は「新しいリーダー像」を生み出していく時代です。
新しいリーダー像は1つではありません。
多様化しているので、いろんなリーダーがいていいのです。
新しい時代には、リーダーのバリエーションが増えていきます。
一人ひとりが新しいリーダーをつくり、新しいリーダーになることができるのです。

リーダーの正解があって、それを目指すという時代では今はなくなっています。

最も強いのは、全員が違うタイプのリーダーになることです。

理想のリーダー像を自分でゼロからつくり出すことができるのが、最もワクワク感があるのです。

自分と違うタイプのリーダーを生み出すのが、リーダーの役割です。

自分と同じフォームにするコーチは、その選手をダメにします。

リーダーの仕事は、部下を仕事ができるようにすることではありません。

一人ひとりの個性を伸ばして、部下が輝くようになる指導をすることがリーダーの仕事なのです。


リスペクトされるリーダーになるために 57

一人ひとりの個性を伸ばそう。

あとがき

58 変化の時代には、自分の中にリーダーを持つ人が強い。

変化の時代に巻き込まれると、「私はまだヒラで、リーダーじゃないんです」「私、部下だから」と逃げることはできません。

すべての人が変化の波にさらされます。

その時に、自分の中に自分を引っ張っていくリーダーを持つことが大切です。

山で遭難しているのと同じだからです。

一人で遭難したら、自分自身を鼓舞し、励まし、癒やし、やる気を起こし、心に火をつけるリーダーを自分の中に持ちます。

誰しも弱い自分があります。

「私はあなたみたいに強くないし」と言う人は、その人のことを強いと思っています。

その人は、決して１００％強いわけではありません。

１００％強い人はいません。

差があるのは、弱い自分だけでなく、乗り越えようとする意志のある自分を持っているかどうかです。

これが「自分の中にあるリーダー」です。


「自分はまだリーダーじゃないし、将来リーダーになりたいと思わないから、別にリーダーのことは何も考えなくていいんです」と言う人がいます。

そういう人は、これから時代の荒波にのみ込まれると、ストレスがたまって乗り越えられない可能性があります。

そうすると、幸福感を感じられなくなります。

自分の中の弱い自分を捨てる必要はありません。

弱い自分を持ちながらも、乗り越えていこうとする意志のあるリーダーを自分の中にインストールしていくことが大切なのです。

「弱い自分」を、捨てなくていい。

リーダー自身が、そう考えることができると、部下の中の弱い部分の存在も、肯定できます。

弱い自分も、強い自分と同じように、肯定できることが、弱い自分を乗り越えるということなのです。

リスペクトされるリーダーになるために 58

弱い自分を乗り越える意志をを持とう。

法』文庫
『定年前に生まれ変わろう』
『メンタルが強くなる60のルーティン』
『中学時代にガンバれる40の言葉』
『中学時代がハッピーになる30のこと』
『もう一度会いたくなる人の聞く力』
『14歳からの人生哲学』
『受験生すぐにできる50のこと』
『高校受験すぐにできる40のこと』
『ほんのささいなことに、恋の幸せがある。』
『高校時代にしておく50のこと』
『お金持ちは、お札の向きがそろっている。』文庫
『仕事の極め方』
『中学時代にしておく50のこと』
『たった3分で愛される人になる』文庫
『【図解】「できる人」のスピード整理術』
『【図解】「できる人」の時間活用ノート』
『自分で考える人が成功する』文庫
『入社3年目までに勝負がつく77の法則』文庫

>大和書房
『いい女は「ひとり時間」で磨かれる』文庫
『大人の男の身だしなみ』
『今日から「印象美人」』文庫
『いい女のしぐさ』文庫
『美人は、片づけから。』文庫
『いい女の話し方』文庫
『「女を楽しませる」ことが男の最高の仕事。』文庫
『男は女で修行する。』文庫

>水王舎
『なぜ美術館に通う人は「気品」があるのか。』
『なぜあの人は「美意識」があるのか。』
『なぜあの人は「教養」があるのか。』
『結果を出す人の話し方』
『「人脈」を「お金」にかえる勉強』
『「学び」を「お金」にかえる勉強』

>あさ出版
『孤独が人生を豊かにする』
『気まずくならない雑談力』
『「いつまでもクヨクヨしたくない」とき読む本』
『「イライラしてるな」と思ったとき読む本』

『なぜあの人は会話がつづくのか』

>すばる舎リンケージ
『仕事が速い人が無意識にしている工夫』
『好かれる人が無意識にしている文章の書き方』
『好かれる人が無意識にしている言葉の選び方』
『好かれる人が無意識にしている気の使い方』

>日本実業出版社
『出会いに恵まれる女性がしている63のこと』
『凛とした女性がしている63のこと』
『一流の人が言わない50のこと』
『一流の男 一流の風格』

>青春出版社
『50代「仕事に困らない人」は見えないところで何をしているのか』
『50代から成功する人の無意識の習慣』
『いくつになっても「求められる人」の小さな習慣』

>自由国民社
『不安を、ワクワクに変えよう。』
『「そのうち何か一緒に」を、卒業しよう。』
『君がイキイキしていると、僕はうれしい。』

>現代書林
『チャンスは「ムダなこと」から生まれる。』
『お金の不安がなくなる60の方法』
『なぜあの人には「大人の色気」があるのか』

>ぱる出版
『品のある稼ぎ方・使い方』
『察する人、間の悪い人。』
『選ばれる人、選ばれない人。』

>DHC
『会う人みんな神さま』ポストカード
『会う人みんな神さま』書画集
『あと「ひとこと」の英会話』

>河出書房新社
『成功する人のすごいリアクション』
『成功する人は、教わり方が違う。』

>ユサブル
『迷った時、「答え」は歴史の中にある。』
『1秒で刺さる書き方』

>大和出版
『自己演出力』
『一流の準備力』

>海竜社
『昨日より強い自分を引き出す61の方法』
『一流のストレス』

>リンデン舎
『状況は、自分が思うほど悪くない。』
『速いミスは、許される。』

>毎日新聞出版
『あなたのまわりに「いいこと」が起きる70の言葉』
『なぜあの人は心が折れないのか』

>文芸社
『全力で、1ミリ進もう。』文庫
『贅沢なキスをしよう。』文庫

>総合法令出版
『「気がきくね」と言われる人のシンプルな法則』
『伝説のホストに学ぶ82の成功法則』

>かざひの文庫
『そのひと手間を、誰かが見てくれている。』

>学研プラス
『読む本で、人生が変わる。』

>WAVE出版
『リアクションを制する者が20代を制する。』

>二見書房
『「お金持ち」の時間術』文庫

>ミライカナイブックス
『名前を聞く前に、キスをしよう。』

>イースト・プレス
『なぜかモテる人がしている42のこと』文庫

>第三文明社
『仕事は、最高に楽しい。』

中谷彰宏の主な著作一覧

>ダイヤモンド社

『60代でしなければならない50のこと』
『面接の達人 バイブル版』
『なぜあの人は感情的にならないのか』
『50代でしなければならない55のこと』
『なぜあの人の話は楽しいのか』
『なぜあの人はすぐやるのか』
『なぜあの人は逆境に強いのか』
『なぜあの人の話に納得してしまうのか[新版]』
『なぜあの人は勉強が続くのか』
『なぜあの人は仕事ができるのか』
『25歳までにしなければならない59のこと』
『なぜあの人は整理がうまいのか』
『なぜあの人はいつもやる気があるのか』
『なぜあのリーダーに人はついていくのか』
『大人のマナー』
『プラス1%の企画力』
『なぜあの人は人前で話すのがうまいのか』
『あなたが「あなた」を超えるとき』
『中谷彰宏金言集』
『こんな上司に叱られたい。』
『フォローの達人』
『「キレない力」を作る50の方法』
『女性に尊敬されるリーダーが、成功する。』
『30代で出会わなければならない50人』
『20代で出会わなければならない50人』
『就活時代しなければならない50のこと』
『あせらず、止まらず、退かず。』
『お客様を育てるサービス』
『あの人の下なら、「やる気」が出る。』
『なくてはならない人になる』
『人のために何ができるか』
『キャパのある人が、成功する。』
『時間をプレゼントする人が、成功する。』
『明日がワクワクする50の方法』
『ターニングポイントに立つ君に』
『空気を読める人が、成功する。』
『整理力を高める50の方法』
『迷いを断ち切る50の方法』
『なぜあの人は10歳若く見えるのか』
『初対面で好かれる60の話し方』
『成功体質になる50の方法』
『運が開ける接客術』
『運のいい人に好かれる50の方法』
『本番力を高める57の方法』
『運が開ける勉強法』
『バランス力のある人が、成功する。』
『ラスト3分に強くなる50の方法』
『逆転力を高める50の方法』
『最初の3年その他大勢から抜け出す50の方法』
『ドタン場に強くなる50の方法』
『アイデアが止まらなくなる50の方法』
『思い出した夢は、実現する。』
『メンタル力で逆転する50の方法』
『自分力を高めるヒント』
『なぜあの人はストレスに強いのか』
『面白くなければカッコよくない』
『たった一言で生まれ変わる』
『スピード自己実現』
『スピード開運術』
『スピード問題解決』
『スピード危機管理』
『一流の勉強術』
『スピード意識改革』
『お客様のファンになろう』
『20代自分らしく生きる45の方法』
『なぜあの人は問題解決がうまいのか』
『しびれるサービス』
『大人のスピード説得術』
『お客様に学ぶサービス勉強法』
『スピード人脈術』
『スピードサービス』
『スピード成功の方程式』
『スピードリーダーシップ』
『出会いにひとつのムダもない』
『なぜあの人は気がきくのか』
『お客様にしなければならない50のこと』
『大人になる前にしなければならない50のこと』
『なぜあの人はお客さんに好かれるのか』
『会社で教えてくれない50のこと』
『なぜあの人は時間を創り出せるのか』
『なぜあの人は運が強いのか』
『20代でしなければならない50のこと』
『なぜあの人はプレッシャーに強いのか』
『大学時代しなければならない50のこと』
『あなたに起こることはすべて正しい』

>きずな出版

『チャンスをつかめる人のビジネスマナー』
『生きる誘惑』
『しがみつかない大人になる63の方法』
『「理不尽」が多い人ほど、強くなる。』
『グズグズしない人の61の習慣』
『イライラしない人の63の習慣』
『悩まない人の63の習慣』
『いい女は「涙を背に流し、微笑みを抱く男」とつきあう。』
『ファーストクラスに乗る人の自己投資』
『いい女は「紳士」とつきあう。』
『ファーストクラスに乗る人の発想』
『いい女は「言いなりになりたい男」とつきあう。』
『ファーストクラスに乗る人の人間関係』
『いい女は「変身させてくれる男」とつきあう。』
『ファーストクラスに乗る人の人脈』
『ファーストクラスに乗る人のお金2』
『ファーストクラスに乗る人の仕事』
『ファーストクラスに乗る人の教育』
『ファーストクラスに乗る人の勉強』
『ファーストクラスに乗る人のお金』
『ファーストクラスに乗る人のノート』
『ギリギリセーーフ』

>リベラル社

『20代をどう生きるか』
『30代をどう生きるか』文庫
『メンタルと体調のリセット術』
『新しい仕事術』
『哲学の話』
『1分で伝える力』
『「また会いたい」と思われる人「二度目はない」と思われる人』
『モチベーションの強化書』
『50代がもっともっと楽しくなる方法』
『40代がもっと楽しくなる方法』
『30代が楽しくなる方法』
『チャンスをつかむ 超会話術』
『自分を変える 超時間術』
『問題解決のコツ』
『リーダーの技術』
『一流の話し方』
『一流のお金の生み出し方』
『一流の思考の作り方』
『一流の時間の使い方』

>PHP研究所

『自己肯定感が一瞬で上がる63の方

profile

中谷 彰宏　Akihiro Nakatani

1959年、大阪府生まれ。早稲田大学第一文学部演劇科卒業。84年、博報堂入社。CMプランナーとして、テレビ、ラジオCMの企画、演出をする。91年、独立し、株式会社中谷彰宏事務所を設立。ビジネス書から恋愛エッセイ、小説まで、多岐にわたるジャンルで、数多くのベストセラー、ロングセラーを送り出す。「中谷塾」を主宰し、全国で講演・ワークショップ活動を行っている。

■公式サイト
https://an-web.com/

撮影／奈良巧

中谷彰宏は、盲導犬育成事業に賛同し、この本の印税の一部を（公財）日本盲導犬協会に寄付しています。

本の感想など、どんなことでも、
あなたからのお手紙をお待ちしています。
僕は本気で読みます。

——中谷彰宏

〒101-0051
東京都千代田区神田神保町３－10大行ビル６階
彩流社気付　中谷彰宏 行

※食品、現金、切手などの同封はご遠慮ください（編集部）

40代「進化するチーム」のリーダーは部下をどう成長させているか

二〇二一年十二月十日　初版第一刷

著者　中谷彰宏
発行者　河野和憲
発行所　株式会社　彩流社
〒101-0051
東京都千代田区神田神保町3-10 大行ビル6階
TEL：03-3234-5931
FAX：03-3234-5932
E-mail：sairyusha@sairyusha.co.jp
印刷　明和印刷（株）
製本　（株）村上製本所
装丁・本文デザイン　太田穣

ISBN978-4-7791-2791-5 C0030
http://www.sairyusha.co.jp